英語から現在(いま)が見える
英語文化学入門

小比賀 香苗 著

大学教育出版

はじめに

　古代ギリシャ人は人間存在に関わる両輪として、人間を管理するeconomyと人間の生態に関するecologyを想定し、両者をバランスよく保つことが幸せな生活につながると考えていた。economyとは言っても、現在の意味である「経済」とは異なり、家庭の行政や分配を意味していた。しかしながら、両語がともにオイコス「家」を語源としていることは興味深い。どうやら人間のエコロジーを無視してまでエコノミーに偏重する習性を戒めるためか、両語が創生されたのであろうか。本性に依るあまり、economyに偏って発展を遂げてきたものの、「家」という生活環境は破壊し続けてきたのであろうか。その結果かどうか、今や経済が政治を食らう時代に入ったとまで言われているのである。確かに経済はボーダレスにグローバル化し、これまでの枠組みである国境や政治や民族を超えてまで、その関係体を拡大して世界を動かしている現状を見れば、経済が人間を支配し操っていると言っても過言ではない。例えば、日本と近隣の中国や韓国やロシアとの関係も、政治的には冷えているにもかかわらず、経済的にはかつて無いほど白熱化して、深い関係を続けている。これこそ、まさに「政冷経熱」とか「政経分離」という現状である。これまでは政治が経済を操り支配してきたことから、政治関係と経済関係は密接に関わっていた。しかし、政治との関係を超えてまで、経済はまるで

生態のように独り立ちし始めたのである。もちろん、歴史を振り返ってみれば、経済が陰に陽に政治を動かせる原動力や遠因となって、密接に関わってきたことは周知の事実である。例えば、領土や石油などの覇権や利権の獲得や拡大などの手前勝手な理由も、本質的には自国の経済圏の拡大や自国の経済の危機の打開をもくろみ、美辞麗句を並べ称して、我田引水、牽強付会してきたのも、それらの根底には経済という魔物が隠棲していたからである。それゆえに戦争の元凶は経済であるとすることも可能である。二人の人間がいるところに経済が存立するとすれば、戦争はこの世から無くなることはないという悲観論に陥ることになるかもしれない。このような意味でも、経済戦争という言葉は二重の意味で正しいのである。

そもそも生活や生存から言えば、政治や国家という枠組みの優先順位は二の次であり、経済が優先されるのは当然であるとする見方もできる。しかし、その反対に政治が経済を崩壊させることも、隣国の垣間見える現状からもそのことは容易に推測できることである。そこで、政治や国家を超えた経済圏や共同体が枠組みとなることは、すでにECやOECDやEUROなどでも理解できることである。しかし、これまでのように英国や米国や日本を中心とする経済支配圏が、今や中国・インドなどの東アジア圏にシフトしつつある現状も政治や国家という枠組みではなく、経済が流動的でダイナミックであることを教えているのである。

この経済圏を裏支えしているものが言語である。その理由は、強

者である盟主の言語は流通交流の支配言語となり、経済支配言語となっているのである。それゆえに、過言すれば経済戦争は副次的には言語戦争でもあり、その結果として、英語が世界共通語であるとか、英語帝国主義と言われるような状況が生まれてきたのである。確かに、アラブがオイルマネーで栄えれば、世界中にアラブ人が出かけて、必然的にArabic（アラビア語）が氾濫する。また日本が元気で強いときには、農協の旗頭とともにJapaneseが氾濫する。そして今やChineseへと言語学習者も向かっている。出稼ぎも留学も観光も、すべては経済と深く関わっているのである。まるで蜜に蟻が集まり群がるように、そしてamoeba（アミーバ）のようにうごめき、経済vector（ベクトル）の下に人々は言語を媒介して動いているのである。それゆえ、経済が言語を媒介し、言語が経済を支配するようになっているので、経済を無視して、言語は語れないが、言語を無視して経済も語れない関係になっている。つまり、経済と言語は互いに支え合うdouble bind（ダブルバインド）の関係にあると言える。そこでかつて戦時中の日本でもあったことだが、あの将軍様がついに外来語の禁止を打ち出したというのだ。血を流させない武器とも言える言語がもたらすものは、文化や考え方や認識方法や世界観をも変革しうるものであり、民族や文化の根源に関わるものなのである。それゆえに仏蘭西はフランス語を守ろうとし、お隣の将軍様もそのことをご存じの上での対策なのである。さしずめ、日本の戦時中にもサックスのことを「金属製品曲がり尺八」と表現していたそうである。

これまでも言葉は社会や時代を映し出す鏡であると言われてきた。したがって、ルネッサンス期のように言葉が爆発的に増えた時代の背景には、社会の変化や価値観の変動があり、また世界の拡大に伴う生活様式の複雑化や多面化に伴う認識方法や世界観の表現方法の変化が存在していたのである。さらに歴史的に見れば、振り子現象を繰り返してきた時代精神の中で、中世よりもルネッサンス、Hebraism（ヘブライズム）精神の時代よりも Hellenism（ヘレニズム）精神の時代、Classicism（クラシシズム）の時代よりも Romanticism（ロマンティシズム）の時代、すなわち規範の中に管理していく停滞期よりも、人間中心の自由変動期に、より世界や社会は拡大発展してきたのである。その証として、このような時代に言語は数多く流入し、分節化して、増加拡大していることが挙げられるのである。その反映や結果として、まるで大砲のごとき Canon（キャノン＝正典）としての作品が、時代の金字塔としてそびえ立っているのである。このような見方をすれば、偉大な天才が生まれるのも、社会や世界の拡大、言語の整理統一や爆発的増加などという、社会的要因と言語的要因との融合した結果であるとも言える。それゆえに言語は時代や社会、そして人間を反映しているとともに、言語が時代や社会、つまり人間を掌り導くベクトルとなってきたという言い方さえ可能になるのである。

　人間精神は相反する両方向のベクトル、つまり神が創生した世界に戻ろうとする「聖化」という還元の方向と、神の世界から離れて人間の世界にしていこうとする「俗化」、つまり人間化、ある

いは「聖の分節化」の方向との間で、振り子現象を繰り返してきたのである。そして自然で大きなベクトルは神の世界から人間の世界へと俗化していく方向にあり、それを進化と見るか退化と見るかは視点の相違にすぎない。いずれにせよ、もともと神の世界であるこの世に現れた人間は、世界を理解するために、まず始めた方法は自らの身体を利用することであった。自らの身体に準拠して形体化を図るという人間化によって世界を解釈していったのである。言い換えれば、身体化でもって意味化していったのであるから、意味化とは人間化であるという言い方もできる。例えば、footからfeet、親指と小指とを張ったspan、両手を一杯に広げたfathomなどのように、また時計の針をhandとしたり、バナナの房をhandで数えたり、一本一本をfingerとして数えている。また表現でも、hands on（自分の）とhands off（人任せの）とか、thumbs up（賛同）とthumbs down（反対）とか、get your feet wet（新しいことを始める）とかword of mouth（口コミ）とか、まさに枚挙にいとまがない。これは『古事記』にもあるように、木の葉や芽や実を身体からとっていて、いわゆる「身分け」いや「見分け」という身体による世界の分節化を行ったと考えられているものである。しかし、身体を利用する方法には物理的な限界があり、それ以上の段階には、言葉による意味化がなされ、さらに分節化されるという人間化が行われてきたのである。さらなるステージは、人間が流動的になり、異種なものと出会うことによって醸成されてきた。異国異民族の文化や言葉との衝突や融合である。そ

のことによって言葉が深化拡大するとともに、それを使う人間も深化拡大して行ったのである。そこでは人間の支配を超えて、言葉は自在に有機的生命体のように、生態論的に増殖と衰退を繰り返しているのである。

　言葉が文化、つまり人間や社会を規定しているのか、それとも文化が言葉を規定しているのかについては、サピア・ウォーフの仮説（Sapir-Wharf hypothesis）"All higher levels of thinking are dependent on language."「あらゆる高度な思考は言語に基づいている」とか、"The structure of the language one habitually uses influences the manner in which one understands his environment."「言語の文法構造がその言語の話し手の思考過程に影響を与える」に依るまでもなく、言語は文化や人間を規定し反映しているのである。人間が言葉を作り出し、養成してきたのだが、不即不離の主客関係はダブルバインドの関係を超越し、主客転倒の段階へと入り込んでいることになる。例えば、知的レベルが高いほど言葉遊びに興じるようであるが、イギリスの humor（ユーモア）やフランスの wit（ウィット）を見てもそれがよく分かる。これらはイギリス人やフランス人が育んできたものではあるが、これらがイギリス人やフランス人をまた育むというシステムへと構造化していることも考えられる。

　日本語という体系の中に英語が入り込んできた経緯も、固有の文化の中に、流通や世界の拡大により、自然的に、あるいは必然的に入り込んだり、新しいものとの出会いが新しい言葉や表現の

必要を迫ることになる。自然的必然論と乱れを引き起こす異物論との意見衝突の狭間で、葛藤期や混乱期があり、やがて順応期を経て融合過程へと入っていく。庇を貸して、母屋を盗られるような危惧も、いつしか薄れてくると、自国語を豊かにし、より幅広い、より深い多様な表現を可能にしていることにも気付くようになってくる。ここまでくれば、異物感はなく完全なる融合状態であり、英語がなければ日本語表現の幅は狭められ、力を弱めると言えるような段階になっている。もはや混乱や氾濫や汚染との批判は消滅し、文化の深化拡大に積極的に寄与していると誰しもが認めるような段階になっているのである。

　ロシアのビザ申請で、すべてロシア語で書くようなフォームに変更したことで、「せめて英語で」と不便を訴えていたが、その国の施策であろう自国語の範囲にまで、クレームを付けてしまうものなのである。即ち、言葉の流入と流出は経済や人的交流の証であり、世界の拡大やグローバル化の証であり、肯定的であろうと否定的であろうと、自然的必然的な現象と言わざるを得ない。まさに「初めに言葉ありき」であれば、言葉は武器であり、言葉による占領なのである。そして、それ以上に文化や経済や宗教や政治が交錯し衝突する地域においては、言葉は生き抜くための道具である。いやそれ以上であり、まさに武器と言っても過言ではない。経済が社会の動勢を司っているが、それは言語の裏打ちに依るところが大きい。言語の学習率や留学先も、経済の力と大きく関わっているのである。したがって、国家戦略として、外国語学

習が関わってくることになるのも、外国語の習得が単なる語学ではなく、世界観や価値観をも受け入れていくことになり、好感度を増していくとともに、同化や融和の原動力になっているからである。これは単なる置きみやげなどではなく、当然の結果であり、自然なことなのである。また、多民族や多言語の中に生きることは、コミュニケーションの手段がさらに必須なものとなり、生活や商売の上でも、不可欠になってくる。まさに、生き抜くために、言語獲得と駆使が必要なのである。特に、支配や権力側の言語を知らずしては生きられないし、どこへ行っても生きられるように順応しているのである。アイルランド人やユダヤ人の言語感覚が群を抜いているのも、このような危機感と決して無関係ではないと言われているし、優秀な人材を輩出している根源には優れた言語感覚があるとも言われている。

英語の文化は英語圏ばかりのことではない。経済力を背景にした英語は経済での必須用語となり、他の言語圏にも流入して、自国語の範囲の拡大とともに、それまでの醸成していた文化にまで侵入して、影響を受けて、修正や変革がなされていくことになる。これを英語帝国主義と呼んでいる。さらにはこのような強者の言語は社会を構造化して、強者の言語と弱者の言語とも言える庶民の現地語との二層化や対立化を促進することもあるのである。言葉の浸透は、静かなる池に石を投げ込んでみると、その波紋が拡がるとともに、沈下していくにつれて、奥底からも泡や水が逆流して湧いて出てくる。またそれが波紋となって繰り返されていく

ようである。このような現象が地域から全体へと振動し、拡大共振していくのである。まさに経済戦争であり、言語戦争なのであるが、このような現象に抵抗することは難しい。過言すれば自然現象とも思えるような静かなる侵略を異文化との融合とか、伝達手段の獲得などの美名の下に浸透していくことから、気がつけば、すでに自国語は乱れて、まさに sprawl（スプロール＝不規則に散開する）現象を引き起こしているのである。確かに、それが時間や空間を異にして起こってくることから、なかなか眼につかないので、すぐに実感できるものではない。気づいたときには、かなり深耕していることになる。それゆえに文化を内外的に支え、醸成しているものは、言語であり、表現であり、認識方法であり、世界観なのである。そこで日本で使用される英語は、英語でありながら英語を超え、日本語をこれまでの枠組みを超えた言語へと変化させていることだけは事実であろう。これを劣化や退化とする人は多々いるであろうが、進化変革と考えることもできるのであり、それゆえに想定外の日本人の醸成と未来構築に関わっていることは間違いない。しかし、いずれにしても行き着くところまで行くしかなく、止められるものではない。すでに舵取りは言葉や言語の側にあるのだから。そのような意味でも、英語から見る現在は、たとえ断片ではあっても、そこには散見される現在が垣間見られることになり、そこから浮かび上がる現在の姿を考える。それがひいては、近未来を窺うことにもなりうるのではないだろうか。

英語から現在(いま)が見える
――英語文化学入門――

目　次

はじめに …………………………………………1

第1章　文化サークル …………………………15
(1) 文化の衝突　*17*
(2) 文化の表象　*23*
(3) 異文化理解　*26*

第2章　新語サークル …………………………33
(1) 時代を映す新語　*35*
(2) 社会を映す新語　*50*

第3章　誤解と勘違いサークル …………………59
(1) 誤解と思いこみ　*59*
(2) 誤解しやすい言葉　*66*
(3) 和製英語　*73*

第4章　言葉遊びサークル ………………………78
(1) 言葉の遊び　*78*
(2) 誉め言葉　*89*
(3) 貶し言葉　*92*

第5章　発音サークル ……………………………97

第6章　語源サークル ……………………………………109

第7章　差違サークル ……………………………………122
　（1）差違を考える　　122
　（2）微妙な差違の見極め　　125

あとがき── アナログと物語 ── ………………………141

第1章　文化サークル

はじめに

　アメリカの政治学者 Samuel P. Huntington に依れば、イデオロギーの対立の後には、clash of civilization「文明の衝突」があるとしているが、イスラムのタリバーンとアメリカとの戦いを、オサマビン・ラーディンはイスラム教とキリスト教十字軍との戦いへと敢えて結びつけようとしていた。さらにはイラク戦争でも、サダム・フセインがジ・ハード（聖戦）と命名していたのも、この方向へと大義名分化を計っていたからである。一方アメリカ側はwar of terror（テロリズムとの戦い）と位置づけることに躍起になっている。アメリカ一極のグローバリズム（globalism）、いわばアメリカ主義に対して、抵抗勢力として、自国の経済や文化を守る意味でのナショナリズムが台頭してくるのも至極当然のことかもしれない。日本には「平和ぼけ」という言葉があるが、知らぬが仏というとおり、知らぬまま楽観的にいられたら、これほど幸せなことはないかもしれない。イラクでの日本人人質問題でも、権利と義務の関係が、権利と自己責任との間で揺れ動いたが、生

きて救出されたことから、bashing（バッシング）が始まった。このような危険で注意を喚起されていて控えるように言われている所に出かけて行くことの権利と義務は、善悪を超えたものとなる。一番悪いはずの誘拐さえ、貧者の手段として認められるとなれば、正邪も善悪も条件次第で逆転する流動的なものでしかなく、モラルハザード（moral hazard）を起こしかねないことになる。所詮哀れな人間の所業としか言えなくなってしまう。貧者の戦い方であり抵抗手段であるテロ（terrorism）は悪いか良いか。悪いと決まっている、と答えられる人は幸せなのかもしれない。これしか生きる道はないし、これだけが存在証明であり表現手段であり、家族や民族を守る方法となれば、即座に否定はできなくなる。二度と創り出せないことから生命は地球より重いと言われるが、信念に基づいて命を張った自爆テロを簡単に片づけられるのか。毎年、交通事故死で1万人弱、自殺で3万人超をここ8年出している日本の現実は、交通戦争と呼ばれ、自殺大国と呼ばれて久しい。これでは地球がいくつあっても足りない。中国の石材産地で粉塵の中で働く労働者を見て、労働環境が悪すぎるのではないか、と質すと、「人はたくさんいるから」と、いくらでも代わりがいることを言われれば何をか況やである。要するに、所変われば品変わるであり、尊い生命といえども大切にするところでしか、大切ではないのである。

　人の住むところには文化があり、高低も優劣もないが、相違があるだけである。しかし、この相違を克服することは難しい。理

由もなく、自分の所属する文化よりも優れていると憧れ、またその反対に劣っていると軽蔑したり、否定したりすることがある。この憧憬と軽蔑の心理こそ、我々の文化対応の心的態度であることを忘れてはならない。この章では、このような態度が日本文化の中に移入されてくる英語を考えることによって、どのように展開されているかを、文化の衝突や表象、そして異文化理解という視点から眺めてみることにする。

(1) 文化の衝突

　外交では、conscious optimism（意識的楽観主義）が当たり前と聞く。関連としては The Positive Power of Negative Thinking「マイナス思考の積極的力」という、Defensive Pessimism「防御の悲観主義」もある。例えば、6か国協議も外面的にはスムーズに進展しているように見える場合でも、裏面では包囲網を完成させるべく、軍事力の presence（プレゼンス）を伴っている。善悪両面ではなく、常に悲観的に最悪を想定し準備を整えている。まさにこのような虚々実々の駆け引きが裏面で展開されていることを知れば、正論ではあるが楽観論を脳天気に主張し続けているのは、あまりに子供じみた上っ面のことと思われてくる。たとえ文化といえども、衝突以前には圧力まがいの各種のプレゼンスがあることも認識していなくてはならない。例えば、先進文化国の物や流行や言葉や情報などから始まり、やがて文化という形で認識方法や世界

観が侵攻してくる。これらはスムーズに受納してきた訳ではなく、この間の葛藤や闘いの結果として異文化融合があるのである。

　異文化衝突となれば、どうしても各国や各民族のエゴが表立ってくるものである。domestic standard や local standard や local rules や hometown decision のような、狭量で偏狭な一国主義や地方主義ではなく、世界水準が特に強調されているのは地球規模の考え方が問われるようになったからである。そこでかつては global standard としていたが、最近では本来の world standard と言い直されている。global の場合には地球規模となり、global warming「地球温暖化」などとして使われている。人名の場合は、その水準へと進んでいくと呼称も「イチロー」や「ナカタ」へと変わってくる。しかし、どちらも日本では extraordinary（たぐいまれな、並はずれた）よりも、変わり者（strange、queer）とか扱いにくい存在として、いわゆる普通の群れを外れた扱いにくい一匹狼と考えられている。peacock も美しいクジャクを意味している間は良いが、鼻持ちならない「どうしようもない奴」へと変貌することもある。彼らを養護する言葉として、Only is not lonely.（孤独は寂しいものではない）と言っていたが、そのナカタもワールドカップドイツ大会後に突然引退してしまった。どこまでも「俺流」である。また最近では Number One より Only One と、個性や個人こそが大切とする言葉がマッキーの歌詞からも流行した。世の中には勘違いした一匹狼がますます増えることになる。ところで一匹狼と言うが、はぐれオオカミであり、弱い存在である。英語では loner で

あるので本来オオカミとは無関係である。皆 only one であり、その中で競争した勝利者が number one なのであるから、両者の価値を比べるのは次元やステージが異なっているものである。

　また二人の松井が Major 入りしたので、Hideki を「マツイ」とし、Kazuo を「リトル・マツイ」と使い分けている。The Yankees（ヤンキーズ、Yanks と略称）の「マツイ」はゴリラとクジラの合成語である Godzilla「ゴジラ」の愛称をつけられている。こちらは集団の中で折り合う、理想的典型的日本人として生きてきた調整型の男が自己主張型のアメリカ文化に融合できるのだろうか、と心配しているむきもあったが、無用であった。今や彼が pin stripe（細い縦縞模様）のユニフォームであるヤンキーズをリードして、ワールドシリーズへと常に進展させているとして、An October Monster とか、'ZILLA THRILLA「ゴジラがスリルを与えた」などと表現されていた。しかし皮肉にも、2005年にはホワイトソックスがワールド・チャンピオンの座を占めて、井口にまでその栄誉を奪われてしまったのである。そんな中、彼が WBC（World Baseball Classic）で、日本チームに参加するのを拒否したのである。言い換えれば、「松井」では考えられなかったことが「マツイ」では起こったのである。日本文化の中では自分をコントロールし相手に合わせてきた人間が、アメリカ文化の中では自己主張を始めたのである。お隣の韓国でなら、非国民呼ばわりされていたであろう。こんな独り立ちをして自己主張を始めた途端に手首の骨折ときたので、まさに人間万事塞翁が馬の逆バージョン

であり、案の定、同情はあまりなかった。それに反して、イチローは突然人が変わったように、日本野球への復帰を意識し始めたか、自己主張以上に全体のためにと日本文化の中へと回帰し始めたかと思われるほど、イメージチェンジをして、日本人のnationalism を擽らせ、搔き立てたのである。当然、コマーシャル・イメージの価値はイチローへと集中することになったのである。しかし、骨折後の復帰初戦でのマツイが、観客から Welcome back!「お帰り」と standing ovation で迎えられる姿は、アメリカのファンに受け入れられ、融け込んでいるところを見せつけられたものである。ところで Major League Baseball（MLB）では日本シリーズに匹敵するものとして World Series とか World's Series などと呼称している。そしてニューヨーク同士のヤンキーズとメッツとの試合は Subway Series と呼ばれている。

　最近はセクハラ呼ばわりされている美人コンテストでも、ミス・ユニバースとは言うが、ミス・ワールドとは普通使っていない。どうしてもワールドには限られた範囲がある。皮肉なことにはワールドシリーズもある野球がオリンピック種目から消滅するという。2006年には野球のワールドシリーズ（WBC）が初めて実施され、 All Japan は王監督の下奇跡的に優勝したのである。また、ワールドカップのあるサッカーは、オリンピック種目にあっても揺るぎないのは、世界的にサッカー国は大多数を占めているとともに、サッカー人口も圧倒的であるからである。大リーグのワールドシリーズという呼称は、ハエがスズメほどの大きさがあ

り、雀がカラスほどの大きさというテキサス流のTall Talks（ホラ話）に由来するのかもしれない。そういえば、Texas Leaguer's Hit（テキサスリーガーズヒット）とか、左腕の southpaw（サウスポー）も投げるときに前足が南へ向くことからきているテキサスの球場を起源とする言葉であるらしい。誇張といえば、あの日本式ビールかけの Champagne Fight（シャンパンファイト）ではゴジラは嬉々としていた。同じ fight でも消防の fire fighting や消防士の Fire Fighter はよく分かるが、勝利を美酒で祝うビールの掛け合いをファイトとはすさまじいことだ。そこには free fight（乱闘）と同様に頭韻の快感があり、無制限飲み放題の飲み比べという想定があるのかもしれない。

　野球と言えば、試合を始めるときに審判は Let's Play! とか Start「始め」ではなく、Play ball！と言って始める。まさに「ボールと（遊べ!）戯れ!」であるから、遊びが基本なのだと言う人もいた。野球場を ball park というのは、パークが元来「個人の私有地」のことであるとともに、「広々とした場所、広場」のことであるからだ。ボールと言えば丸い形状から、riceball が「おにぎり」で、tacoball が「たこやき」と最近呼称している時もある。しかし、形状は形容であるから英語的には ballrice とか balled rice が自然かもしれない。しかし、英語では hairball（毛玉）のような語順もある。牛丼を英語では beef bowl（ビーフボール）と表現している。肉弾でも肉の塊でもないので、綴りは ball ではなくどんぶりの bowl である。つまり、牛肉どんぶりである。また違和感があるも

のに、チャーハンを英語ではfried riceと油で揚げたものと考えているところである。そこでビーフボールが「牛丼」と聞けば、違和感を持つ人がいるに違いない。どんぶりが丸いので、ボールかと思うかもしれない。よく考えれば、どんぶりはballではなく、bowlであり、発音が「ボール」ではなく「ボウル」となる。そこでbeef bowlでなければならないと気付くことになる。ところがこれまたbeefの入ったボウルではどうしても器ではないかと思ってしまう。そこで、さしずめ天丼はa bowl of rice with tempuraとメニューでは表現している。したがって、ricebowlではご飯にはならないで、ご飯の器や容器を考えてしまう。ついでながら、ballの付くスポーツはgameと呼ばれ、それ以外はmatchと言われている。例えば、golfではmatch playがあるが「組み合わせ競技」のことである。ところが優秀選手のことを、サッカーと野球では言い方が異なっていて、サッカーではMan of the Matchと呼ばれるのに対して、野球ではMan of the Gameと呼ばれている。フットボールと呼んでいるので野球と同じと考えるし、サッカーゲームとも呼んでいるではないかと言いたくなる。それにsoccerはassociation footballから創生した綴り語と知れば、matchと呼ばれるのは如何にも不自然であり、不規則である。ついでながら、野球ではチャンスに強い男としてclutch hitterとかclutchmanと呼ばれている。clutchは「つかむ」の意であり、「山場」のことであり、pinch「危機」のことである。

郵政民営化で話題の郵便局をpost-officeと言うが、本来「局」

ではあるが、中央郵便局も central が付加されるだけであり、郵便事務所の方が自然かもしれない。ところでビートルズではないが、Mr. Postman といえば郵便局員全体のことになり、郵便配達人なら letter carrier の方に限定されている。ところで letter box は家にあるが、post box や pillar box は外にあるものである。クリスマスの翌日には The Boxing Day、または Christmas box とも言う、郵便配達人などにご祝儀を贈る習慣があるが、boxing と言っても拳闘をやる日ではない。

(2) 文化の表象

　文化を映し出しているものにものの数え方もある。チョコレートが a bar of と数えるのも、板チョコならではのことであろう。丸いものや四角なものは、固いので、a piece of とするのが普通であろう。固いから a cake of と石鹸のように数える訳にはいかない。ところでケーキの数え方はご存じであろうか。a piece of とくれば1片と分かるが、まるまるのケーキは a cake であるのだが、日本語では1個2個ではなく、車のように1台2台と「台」を使っていることをご存じであろうか。そういえば、雲のように固まっていることから、a cloud of flies「たくさんのハエ」とする数え方もある。さらには a hand of bananas「1房のバナナ」とする数え方もある。

　それぞれの国を象徴する国鳥が定められているが、国花同様に

文化の相違を色濃く感じさせている。アメリカなら Bold Eagle（白頭鷲）、日本は Green Pheasant（キジ）、イギリスは European Robin（コマドリ）、フランスは Cock（雄鶏）、お隣の韓国は Black-billed Magpie（カササギ）である。白頭鷲とは言うけれど、白い頭も bald（ハゲ）ではなく、bold（勇敢な）なことである。象徴といえば、シンガポールは何と言っても奇妙奇天烈なライオンの頭と魚の尻尾をもっている「マーライオン」である。ライオンといえば欧羅巴では国王の象徴であり、青き狼はジンギスハーンである。それぞれの土地に棲んでいた気高き動物なのであろう。またライオンのように生きるとしたのは、ニーチェである。まずは重い荷物を運ぶラクダのように生き、続いて批評するライオンのように生き、最後には何もしない赤子のように生きる、一生を考えての比喩である。すでに老いの介護まで考えていたのであろうか。日本では亀は長寿の象徴であるが、中国では「女房を寝取られた人」のことである。まさにお国柄であろうか、所変わればの話である。比喩に文化が反映されていることは言うまでもない。直喩で「〜のような」と照応させるものは特に面白い。日本人には、まさか as cool as a cucumber「キュウリのように涼しい」とは思えないし、as cold as iceberg「氷山のように冷たい」とも言わない。もちろん英語にも as cold as ice とか as cold as a stone という言い方もある。また英語では as wise as Solomon「ソロモンのように賢い」のところ、日本語なら「一休さんのように」と言うかもしれない。その上、ソロモンて何、島の名前？ と聞いてくるかもしれない。

また、よく水と油として交わらないことを譬えているが、英語では、時代的、社会的には英国 upper middle こそが、different as chalk and cheese としている。所変われば表現も変わる。

　英語には省略して呼称する文化がある。gymnasium を gym としたり、examination を exam と短縮したり、UCLA とか ODA などと省略している。また stewardess も今では古く、FA（Flight Attendant）もすでに言い古されて、ドラマでも CA（Cabin Attendant）としている。このような省略や短縮はレッテル化にも繋がっているようである。NATO の発音は「ネェイトー」であるが、そこに掛けて前首相を、NATO として、No Action Talk Only と揶揄している御仁もいた。言葉ばかりで、行動がまったくないことを言い表そうとしたのである。かつては、中身のない見かけ倒しの行動をperformance（パフォーマンス）と言っていたこともあるが、和製英語である。最近では本来の演奏とか IT でのできばえや結果を意味する語として使われている。ここで Talk は個人的な打ち解けた会話を意味していて、改まった調子で演説する場合は Speak の方が使われる。ホラ話を Tall Talks としていることも頷ける。さらに明石家さんまにしろ、お笑い芸人といえば、すべて「トーク」であり、トーク番組などと言われている。このような意味では、首相の弁には Speak の方が正しいが、このように略して面白いのは Talk の方であろう。短縮といえば、よく使われているオフレコ（非公式）やゼネコン（総合建設会社）は和製であり、それぞれ off the record と general contractor のことである。

(3) 異文化理解

　2006年9月6日皇室に41年振りに男の赤ちゃんが誕生したことは誠に喜ばしい。男の赤ちゃんは、日本語では a boy baby としてしまいがちだが、英語では a baby boy となる。ちなみに女子は a baby girl であり、また he-baby（おとこ）とか she-baby（おんな）として男女を区別する表現もある。この皇室に生まれた男の赤ちゃんなので、the prince baby となるのである。文化は言語により規定されるが、語順の差違もその認識方法に関わるものである。異文化の構造の表れと理解すべきである。

　異文化の理解は語彙の差違を知ることに始まる。留守電は answering machine と言っているが電話機能とは違和感がある。その点では、電話といえば日本語では迷わないが、英語では telephone があったとは言わないで、普通 a phone call があったと表現しているのである。またサマータイムは Daylight Saving Time であるが、「日差しから守る時間」であり、いわゆる夏時間である summer time も夏季や暑中である summertime もある。夏休みは summer holiday と言うが、春休みを spring break と言っているのも、長さと関係があると思われる。そういえば日本でも欧米にならって、九月新学期説が出ていて、4月から9月までの期間はボランティア活動に充てる案も出ている。異文化理解の難しさは、自分の生育環境である自国の文化の縛りや足かせがあり、培われてきた認識

方法の枠組みでもって異文化に触れると、差違から理解を超えて、違和感や異様なものを感じることになる。例えば、濃いコーヒーといえば strong coffee とし、薄いコーヒーといえば weak coffee とすることには違和感があることだろう。また日本語式になっている英語には強い執着があり、なかなか受け入れることは難しい。例えば、ボディチェックとしているが、英語では body search であり、「耳が遠い」を hard of hearing、補聴器を hearing aid としていることにはついて行けるだろうか。やはり hearing には耳鼻科の聴力検査のイメージがつきまとっているので、listening と区別しなければならない。その点、旧姓を maiden name とし、結婚後の姓を married name とすることには納得がいくであろう。シーズンオフを off season とし、その反対のシーズンインを peak season とすることにはなるほどと思い至るであろうか。

　異文化の基にある語彙イメージの差違でよくあることだが、リンゴといえば「赤」を当然とする日本の文化と、青リンゴから「緑」を自然とする英米の文化もある。ウサギにしても、「白」をイメージする日本と「茶色」をイメージする英米がある。さらには桜とは花であり、英語で cherry はサクランボであるから、桜色とは薄い桃色であるのに対して、cherry とはサクランボ色、つまり紅色である。英和辞典では、cherry に桜色と紅色をいれているところが、異文化理解の現状なのであろう。またコオロギを cricket と言っているので、C. Dickens の "The Cricket on the Hearth" を「炉端のコオロギ」と翻訳しているが、日本では炉端にコオロギは

いないようだ。それゆえ、それは竈馬（カマドウマ）ではないのか。しかし、カマドウマはあまり啼かないので、やはりコオロギか、と思っていると、今度は鈴虫が出てきた。これを a singing cricket としている。これも歌うコオロギとしても良さそうである。ここで英語ではコオロギ科昆虫の総称が cricket であると知ることになる。コオロギはコロコロと啼くので、chirp はコロコロかと思いきや、鳥も蝉も皆 chirp となくのである。そういえば beetle も甲虫類を総称しているのであり、何もカブトムシとは限らない。かつて、The Beatles という世界的なミュージックグループがいたが、カブトムシ野郎達ばかりではない。語彙の種類は文化的深度に関係するとも言えるのだが、興味関心の有無にも依るのかもしれないし、民族の習性にまで行くのかもしれない。

　また語彙の意味範疇に差違があることも異文化理解のネックになっている場合がある。地図と地図帳を map と atlas に分けたり、道路と街路を road と street に分けたり、海岸と浜を coast と beach に分けていることもその例である。ところで school day と school night の場合に、前者の「学校のある日」は分かるが、後者の「学校がある日の前夜」は理解しにくいのではないだろうか。

　このように文化や生活の違いは語彙表現に表れる。バレーボールの court（コート）と言い習わしているが、実際にはコートとは言わずに、pool と呼ぶのだと聞けば、どれくらいの人が信じるだろうか。プールバー（pool bar）をご存じの方には理解できるかもしれない。しかしこれすら、玉突き台のあるバーと分かる人は少

ないかもしれない。たいていの人は水泳のプールを想像して、あるいはビーチバレーの様なものを考えるかもしれない。コートには庭や広場の意味があり、庭球場の場合には使用されている。しかし、バレーボールなどでは、第1コートをPool 1と呼称している。また予選何組という場合にはheatを使っていて、最後はfinalとしている。自分の文化圏内や知識内で解釈してしまうことの怖さである。例えばspeedingと聞いて「スピード違反」にまで理解が及ぶだろうか。リュックサックやランドセルをあわせてbackpackとするのは、まとめすぎのように感じるのは私だけだろうか。

　山形弁の外国人といえば、ダニエル・カール氏を思い浮かべる人が多いだろう。ちり紙で鼻をかむ習慣のないアメリカ人の彼が日本人の前でハンカチで鼻をかんでいたら、不潔といわれて、驚いたそうである。米国人の彼に当たり前のことが、日本人には異常なことであった訳である。改めて、「ちりがみ」や「ティッシュペーパー」の文化をもつ日本に触れたわけである。彼にとってはtissue paperとは薄い包装紙であったはずなのだ。我々は彼の言葉を通して、自国文化も異質性をもっていることを認識していかなければならない。

　例えば、My house is yours.の意味を、破産して我が家を取られ、その後に「私の家は貴方のものです」なのか、プレゼントしているのか、また自分の家だと思って「くつろいでください」と言っているのか。当然、後者の意味ではあるが、場面や状況により、文化背景が伴っているのである。日本語表現では「バスに乗り遅

れる」のところを、英語では「船に乗り遅れる」と言う。船が幸運のしるしであり、「運が回ってくる」ことを 'when one's ship comes home' と表現していることからも理解できる。また「絵に描いた餅」と言うが、餅のない英語圏では 'pie in the sky' であり、まさに文化の違いである。また先生が困った状態にあることを、'Teacher in hot water' と表現している。歌手の三波春夫氏がかつて「お客様は神様です」と挨拶をしていたことがあったが、一神教の英語圏では人間は神様にはなれない。神様をお客様と同一視することは許されないし、冒涜であるので、Customer's always right! と表現しているのである。最近は client で表すことも多いが、customer は顧客であり、guest は宿泊客であり、passenger は乗客のことである。

　ネーミングでは文化の違いから、危険な場合もあれば、誤解を招くこともよくある。例えば、イラク戦争では、Noble Eagle というアメリカの作戦コードネームがイスラムの冒涜になるとして撤回したことがあった。あの『悪魔の歌』も冒涜であり、趣味の悪さが窺える。異文化の衝突は誤解を生み出しやすいものであるし、だからといって過度の情報公開も限度があることから、何事にも人権をすべてに優先する心掛けが必要であろう。ところで子供の名前に「悪魔」と命名した夫婦も、生まれてきた生命に対する冒涜のように思われたが、やはり思った通り、さっさと子育てをやめて児童施設に預けてしまったそうである。

　また日本では男女三つどもえの恋愛を三角関係と言うが、英語

でも a love triangle としている。「悪魔のトライアングル」と銘々している「ブラックメイル」という、俗悪だとして消え失せた番組があったが、本来の black mail は「ゆすり」のことであるので、番組の意味合いとは遠くかけ離れていた。いくらメイル関連とはいえ、モラルハザードを引き起こすようなネーミングはやはり控えるべきかもしれない。視聴率が何よりも優先されるのは、所詮マスコミも商売に過ぎないことを如実に表しているのだが、視聴率にも優先すべきものがあることは言うまでもない。

　またこんな例もある。あるテレビタレント、正式には comedian であるが、外国へ行き immigration（入管）を通過する際に、マネジャーが職業欄に talent と書いたそうである。ところがいくら説明しても分かってもらえなかった。そこでどのような仕事をしているのか、ジェスチャー付きで説明したら、comedian! と言われたそうである。またお笑いグループ「デンジャラス」のノッチが入管の際に名前を聞かれ、個人名を何度か言ったが通じないので、"I am dangerous." と言ったらしい。すると入管のガードマンに事務室まで連行されたそうである。これらはネタ話の可能性が高い。せめて、"I am Top-notch."（私は一流だ）と言えば誤解が無かったかもしれない。また a man of talent というが、精神的才能の感があり、faculty の類語と考えれば日本語のそれとはニュアンスが異なっている。やはり我々は自分の許容範囲内でしか、言葉の意味内容についても考えられないようである。

　いろいろなものに文化は表象されているが、イラク戦争につい

て、イギリスでの戦争反対デモの placard（プラカード）には、"Make tea, Not war!"「お茶でも入れて、戦争なんて止めようよ」と書いて「戦争なんてしてる場合か」と訴えていた。いかにも「茶の国」英国らしい。ところが2005年10月の韓国での小泉首相の靖国参拝の反対デモの幕には、"Down with Goizumi"「ご泉を打倒せよ」とか「ご泉を出せ」と書かれていた。韓国語には濁音が余り無いので、KでなくGであるところが奇異であり、故意なのかケアレスミスなのか。批判をする場合にも心したいものである。

第2章　新語サークル

はじめに

　言葉はアミーバのように、環境である価値観の変化の波にさらされ生々流転して、それまでの意味や言葉そのものの利用価値を下げていくものもあれば、その反面、新しい意味やニュアンスを孕んだり、世界の拡大や貿易交流により、流入したり借用したりして増幅をしてきたのである。この生々流転や栄枯盛衰から、言語には生態論的な見方ができるのであり、語彙の流入や新語を産み出していくパワー溢れる生成期と成熟期と語彙が廃れて退化していく衰退期という変遷過程があることを考えておかなければならない。これらの原動力には、社会の価値観変動や人間の変化がある。そのエネルギー源は言語の必要性であり、それは何よりも使用されていることにある。歴史的には、強者の言語が無理矢理入ることにより、弱者の言語が公式のものでなくなったり、価値を落として使われなくなったことも考えられる。しかし、廃れていった背景には、使用価値や頻度を落としたからであり、必要性を失ったこと、つまり話されなくなったことがある。

それゆえに、新語を産み出していく背景には、文化内にエネルギーが内蔵されていることが挙げられる。つまり、時代や社会や人間の変化、出来事や事件の勃発、感動的で刺激的なこともあれば、陳腐な表現に厭きて、それから脱したいとか、世代間の葛藤とか、新しいものや事の発見や流入や誕生に人々が心を動かされるほどの造語能力や本能が働いていることにある。最近も新しい物質の発見と騒がれ、命名は「ハテナ」としたようであるが、英語でも分からないときや伏せるときはXやDoeやGismoなどとしているが、想像力は感じさせない。やはり、新しく命名して語彙を産み出してこそインパクトを与えて、社会に流布していくのである。

　昨今では、セクハラとかアカハラとかパワハラ（power harassment）などのハラスメント意識が向上したり、個人情報保護法案等で個人情報に対する意識や人権意識が高まったりしている。そこで語彙が差別的と判断されるようになると、使用言語を言い換えたり、新たな語彙が産み出されていくことは、明らかにそれらの意識への配慮が新語を産み出していることが窺えるのである。例えば、oldの役に立たないニュアンスから逃れるべくSilverへ、BlackからAfroやNativeへ、老化や加齢からagingへと変遷させている。このように社会や時代、つまり人間を反映しているのである。例えば、化粧品のネーミングで椿と聞けば、古風な椿油をイメージしてしまうものだが、最近はレトロであろうか、化粧品TSUBAKIが爆発的に売れているという。ネーミングの妙であろ

うか。また化粧品メーカーのコマーシャルでバイナリーフェイスと命名していたが、かつてならダブルを使っていたであろう。double の中にある使い古されたイメージと悪い意味が多く含まれているイメージに対して、binary の手垢のついていない新鮮さや新奇なイメージが好まれるのかもしれない。また、漢字からカタカナや平仮名表記への変化、さらにはその個々に新奇な言葉を付帯させたり、英語表記に変えたりして、新鮮で真新しいイメージを作り出そうとしているのである。例えば、「饂飩」を仮名で「うどん」とし、そして「ピッピ」と幼児語にし、「ソウル・フード・うどん」と形容したり、また「ウドン」とカタカナ化して、2006年8月にはついに讃岐うどんが「UDON」として映画化されたのである。つまり時代とともに変遷していく読み方やネーミングに国際化の歴史が刻み込まれているのである。

(1) 時代を映す新語

　時代はそれに応じた新語を産み出すものだが、いよいよ日本も人口減少期に入ったとのことで喧しい。このままの状況が続くと百年後には二十人台になるそうである。そこでダウンサイジング（downsizing）は国家も経済も生活もすべての面で必要になるのだが、人間は拡大路線を本能的に好むらしい。かつては down payment（頭金）と使われることがよくあったが、そんなおり BSE のへたれ牛（downer）まで出てきた。鎮静剤も downer であるから、

喧しい時代には必要な言葉かもしれない。またダウン症という障害があるが、これは英国の眼科医 J.L.H.Down 氏がまとめた症状のことである。かつて野球で out の代わりに down が使われ、ワンアウトはワンダウンと言ったが、IT関連ではサーバーのダウンこそ問題である。

　数々の事件が新語を産み出すことは歴史的観点からも言える。どのような言葉が生まれているかを調査すればその特徴は見えてくる。ギリシャ語に学問用語が多く、ラテン語には戦争用語が多いというのもその特徴を表しているのである。またホメロスの詩歌に、視覚よりも聴覚中心の言葉が多用されていることもある種のコードが潜在しているのである。歴史的事件や活動は語彙を増加させてきたのであり、ルネッサンス期の爆発的な語彙の増加も、その背景には国勢の増大や認識の大変化があったのである。皮肉なことながら、戦争や紛争が新たな語彙を産み出したり、語彙範囲を拡大してきたことは言うまでもない。爆弾でも砂漠での地下攻撃用の bankerbuster とくればなるほどと思えてしまう。砂州の sand bank とゴルフの guardbanker と繋がり、堤防の守り人が浮かんで来るから面白い。新しい言葉はすぐに乱れと酷評されるが、古い価値体系の前に新奇なものは、常に抵抗と迫害を受けてきた歴史から言えば、最近の小ギャルや高校生のエネルギーの発露としての語彙生成も時代を物語り反映したものであるので、その背景を理解する必要がある。

　少年犯罪から、処罰年齢について議論がなされたが、大人と子

供の境目は法的な根拠があるわけではない。成人でも、20歳もあれば21歳もあり、元服なら15歳であった。その点では10歳から15歳を be-tween から、Tweenies（tweens）を使用している。かつての13歳から19歳までは teenager から teens としていたことと類似している。それでは差違がありすぎることから、細分化を辿っているのかもしれない。

　最近、よく聞く言葉に buddy がある。body と似通っているところから誤解しやすいところではあるが、親しい友人の呼称や俗称として使用されている。映画 *Harry Potter*『ハリー・ポッター』ブームから、魔法グッズなどのマニアやコレクターが一気に増えて、「ポッターリアン」と呼ばれている。陶工ポッターのファンか、陶器の売人かと思わせる。またNHKの海外放送を聞いていると、盛んに「ホッカン」が出てきたが、当然「北韓」と思い込み、北朝鮮のことと考えていた。ところが、どうやら「北関」が正しいようであり、かつて朝鮮半島の北部方面はかつてこのように呼ばれていたことと関係があるそうである。

　IT時代の新語が爆発的に産み出されている。かつては、長椅子に寝そべり、テレビを見ながらポテトチップスを食べる人として、Couch potato を使っていたが、今やコンピュータ時代には、ポテトを囓りながらコンピュータのマウスをいじる人として、Mouse potato を使っている。またコンピュータネットワークを使いこなす network 上の citizen（市民）として、netizen（ネチズン）も使われているが、ニュアンスとしてはマイナスイメージをもっている

ように思われる。その点ではコンピュータ・オタクの意味で、Techno-geeks と使われているが、geek とは「グロテスクなことをする見世物師」のことであり、やはり度を超していることから気持ち悪い輩なのである。またITのセキュリティで通過を許可していく際のpassword は頷けるが、同じ「合い言葉」や「標語」を意味する watchword は見張りの感覚が強いので、どことなく違和感がある。今ではパスワードを知らぬ者はほとんどいないだろうが、ウォッチワードの方は理解不能な人も多いのではないだろうか。また、デスクトップからラップ（lap）トップへ、と言われていたものが、最近ではラップトップからパーム（palm）トップ（手のひらタイプ）への時代へと入っている。ハッカー（hacker）の行為はハッキング（hacking）と音はとても響きが良い。また、コンピュータ・ウイルスの新種のワームとして、刑務所を意味する slammer（スラマー）が使われていた。携帯を mobile phone として、移動性を強調していたが、最近では wearable となって、まさに衣服のごとき着用感覚を強調しているのである。また最近女性用の手提げバックをトートバッグと呼んでいるが、携帯用のディスクとしてリームーバブルディスクも totebag と呼んでいる人もいる。tote つまり「運ぶ」からきている機能性のある普段着のバッグのことである。また最近ブログという日記風ホームページが流行っている。ブログは Weblog の略であり、手軽に開設し誰でも書き込めるところがメリットである。いわば外国版「2ちゃんねる」の真面目なものである。アクセス回数のランキングであるブログの女

第 2 章　新語サークル　　39

王としてしょこたんとか眞鍋かをりが有名であるらしい。なんと更新回数が 1 日 70 回を数えることもあるという。またメイルばやりであるが、その中にいかがわしい宣伝用の spam mail もたくさん送信されてくるので、一方的であることは問題である。小泉首相のメルマガを配信していただいていたが、当然メールマガジンではなく、e-mail magazines のことである。またメールソフトの受信箱は in-box と呼ばれている。

　かつては股下ばかりを問題にしていたように思うのだが、ジーパンの股上の短い low rise（ローライズ）ジーンズが流行らしい。ヘソ出しルックも若者には当然のことである。最近はかつての給料・身長・学歴の「3 高」からリスクが低いなどの「3 低」へと移行しているそうだが、「3 T」も流行っているらしい。short と tight と light であり、逆引き辞典による脚韻を踏んでいて、最後の綴りが「t」であるところがみそである。不景気デフレの時代として、「安近短」が流行ったことがあったが、3 T もシャープで感じ良いものである。年配の御仁では、必ずや「腹風邪」をひいてしまうことになるだろうし、特に腹は「黒い」ので、隠しておきたいものである。衣服といえば、地球温暖化や環境問題を考えてのエコライフとも言うべき、「クールビズ」（COOL BIZ）が環境省から提案され、事務室にまでポスターが貼られていた。かなり成功していたが、ネクタイ業界からすぐにクレームがつけられていた。また寒くなる「ウォームビズ」（WARM BIZ）で、2 匹目のドジョウをを提案していたが、酷寒でそれどころではなくなったよ

うである。

　黒といえば、『黒い雨』は井伏鱒二の原爆後の雨を思い出させるが、日米合作映画の *Black Rain*『ブラックレイン』もある。最近、サントリーが遺伝子操作で、ついに「青い」バラをパンジーから交配させたというニュースがあったが、元来青いバラとはあり得ないことを意味する言葉であることからも、画期的なことと言わねばならない。あの日亜化学での中村修二氏の青色発光ダイオードもまたノーベル賞ものの発明であることから、青とは人工での作成が難しい色でもあったのだ。

　Picking（ピッキング）被害が多発と聞いていたら、今度はサムターン回しでの被害が増えているという。doorknob（ドアノブ）の根っこの部分の隙間から根こそぎ回して開けることらしい。ところでサムとは thumb（親指）であり、ターンは turn（回す）ことである。親指回しとは内鍵のことであり、そこで鍵なしで内鍵を回してあける荒技である。日本語訳のサムターン回しとは矛盾しているのである。

　世界中でサーズ、狂牛病、鳥インフルエンザなどと新奇なウイルスが流行り始めている。鳥から人へと感染して、多大なる死者の予想が出ている。特に昨年は新型肺炎（SARS）が蔓延していて、世界中大騒ぎであったが、菌をまき散らす存在として、spreader がいるのだが、サーズの場合には特に強力であり、super spreader と呼ばれている。

　番組でもズームインやフォーカスやトピックスとかの聞き慣れ

た言葉では話題性も少なく、古いイメージからの脱却からか、耳新しい cross hair「照準」を使用しているテレビ局もある。crossとは十字のことであり、hair は髪の毛のことであり、望遠鏡などで焦点に付いている十字線のことである。

また最近の産地偽装の問題か、trace、つまり産地の追跡が可能であり、遡れることを traceability と表現するようになっている。そして企業ガバナンス（governance）とか企業コンプライアンス（compliance）もよく聞くが、前者は「企業統治」のことであり、後者は「企業倫理」とか「法令遵守」のことで、かつては企業マインドと呼ばれていたものである。これらは規制緩和により、事前規制が緩められて事後チェック態勢となったことにも関係することである。結果責任という言葉もこのことと無関係ではない。しかし、日本ではこれまでの慣例により、何となく国家が国民を、官が民を、雇用者が被雇用者を縛っているニュアンスがどの言葉にもあるが、英語にはむしろ逆のニュアンスがある。最近の英語ブームの影響か、本来の意味を超えて、玉の輿婚としてセレブ婚などと使用し、高級感とか富貴な意味合いを含めてセレブが使用されているが、元来の意味は celebrity「有名人」のことである。セレブのベッカムも不倫ニュースで忙しそうであったが、ベッカムの家は豪邸であることから、Buckingham Palace を掛けて Beckingham Palace（ベッキンガム・パレス）と呼ばれている。またこれを綴りが Beckham であるところからハムの一種と思っていた人もいたそうである。そのベッカムもサッカー英国代表の座か

ら落とされたのは、厳しい実力社会を物語っているのであろう。
　格差社会と言われているが、社会はもともと不公平なものであり、不公平であるから格差是正へと自分でもがき努力することにより人生は向上するものと考えられていた。ところが格差は不公平であり、本来公平でなければならないので是正すべきであると喧しい。特に格差が相続されていくことが良くないと言っている。しかし、歴史的にも格差は相続されてきたのである。そもそも「パレットの法則」とか「8：2の法則」というのがあり、元来は仕事の成果についての法則である。ところが最近では内緒で勝ち組負け組にも使われていて、全体の中で20％の勝者、またその中に0.04％の大成功者が存在し、残りの80％は敗者、言い換えれば庶民が生じているという法則である。だとすれば、所詮、どこまで行っても格差は存在すると考えるべきであり、格差を縮める方策を執ることが政治の役割となるのであろう。そこで格差があっても教育を受けられるようにと、教育バウチャー制度が取り入れられようとしている。 voucher とは「証書」のことであり、「利用券・引換券」と説明している。何もバウチャーと呼称することもないが、教育クーポン券では割引券や景品引換券のように感じられて新鮮な感じがしないからであろうか。例えば自治体が発行する利用券を行きたい学校に持参すると、自治体が代わってそのお金を支払う制度である。これまでの奨学金は選ばれた者に貸与され、返還義務があるが、これは意欲はあるが金銭が伴わない者への救済と聞いている。

努力した人が報われる社会とは、競争に勝ったものが優遇される社会である。それゆえ、進化論的な適者生存社会である。言い換えれば、農耕社会の seniority（年功序列主義）から脱却して、合理的都会型社会の merit system（能力主義や成果主義）への転換であった。しかも、5年前には、そうあるべきとして国民は賛成したはずである。ところが、その結果がギスギスした住みにくい社会になった。固定資産税と機械と肥料は高くて、米作りでは食えないので、子供に跡を継げとは誰も言えない。田園は荒れ果て、セイタカアワダチソウが聳えている。かくして農耕社会は崩壊したのである。バブル時代、担保になると皆ほしがった田畑は、今では持て余して買い手や借り手を求めている。農民は市民に負けたのである。

　リストラ流行で、どのようにリストラを行うかについては頭を悩ましている。国立の場合、まずは物件費の1％カットから始まりながら、独立行政法人になると、いつの間にか人件費の5年間、5％カットへと様変わりしていった。そこですべての部署に公平に人数に応じて割り当てていく、equal fitting という方法がとられる。しかし、からくりは定年退職者を織り込んでいくので実質的には大した問題ではない。何年も継続してカットがなされれば大変だが、いつの間にか政治が変わればかけ声もトーンダウンすることになる。こうしてどこかの bureaucrats は、civil servant であることを忘れて、アミーバのように生き延びていくのである。このような時代の舵取りは、改革で破壊された社会を再構築する方法

を執る人物だそうである。その人物はアメリカ政府の発言ではnationalistと紹介していたが、それを従来の「国家主義者」ではなく、新総理の場合には「国民主義者」だと言い換えていた。

　バブル期には都会の勝ち組をヤッピーYuppie（young urban professional）と呼んでもてはやされていたが、ヤッシーも選挙に負けてただの人になったように、かつてのヤッピーも、デフレで不景気になり戦いに敗れて失職し昇進できずにサラリーは低下の一途を辿り、ダッピーDuppie（downwardly mobile, urban professional）と呼ばれているそうである。そういえば、ぺーぺーのサラリーマン（salaried man）をヒラリーマンと盛んに言っていた小泉チャイルド、というよりも小泉キッズも結婚後は音沙汰なしである。かつてはYou deserve better.（もっといい人がいるのに）と言われていた人が、You deserve worse.といわれるのが落ちであろうか。そこで最近では競争に負けた人にも思いやりを込めてか、Number One「ナンバーワン」からOnly One「オンリーワン」へと世の中がシフトしている。「勝ち組」からドロップアウトした「負け組」の居直りなのか、個人を大切にすることの表れなのか。世の中の絶対的枠組みが崩れているのか、競争をマイナスと見る、自己中のヒッキーの遠吠えにも聞こえてくる。価値転換期にはどうしてもアノミーが増大すると言われている。anomie（-my）とは「社会的価値観の崩壊による混沌状態」のことである。モラトリアムから、やがて引きこもってヒッキーと呼ばれ、フリーターやオタクなどと、これまで種々の呼び方を生み出してきた。その原動力に

なったのは、不景気である。不景気が正規雇用を減少させて、非正規雇用を産み出したのである。今では働いている人の3分の1は非正規雇用者といわれている。最近では、働かないし、働く意志もない若者を Not in Employment, Education or Training から頭文字を採って NEET と呼称している。neat（清楚な、巧みな人）と同じ発音であるところにアイロニーを感じてしまうのは私だけであろうか。どう考えても neat な奴は NEET ではないように思えるのだが。どのように表現しようとも、単なる「落ちこぼれ」と見るか、「自己の可能性を追求する個性派」と考えるか、どちらにも反論や反撃があるに違いない。ちなみに職業を転々とする人は、Job-hopper とバッタのように呼ばれている。自分探しは職業探しにも表れていて、自分に合わないと判断すれば我慢せずに転職をする。ハローワークにも堂々と職業ミスマッチ（mismatch）の解消と名をうつ表題もある。昔なら、辛抱すればやがて報われるといわれていたのだが、今は自分を仕事の方に合わすよりも、仕事を自分に合わせようとする。だから自分のやりたいことのためには今の職業も簡単に捨てられるのである。リスキーなことなのだが、自分の人生であり、自己責任だとして、それが若者の特権のようである。そんな中で、鉄人レースを特にハワイでアイアンマン（Iron-man）レースと呼んでいるが、また iron man は俗語でドルのことである。お金は最強なのであろうか。テレビのドキュメンタリー番組で、そのような人を特別に取り上げて、まるで英雄扱いをしていた。それは作り手側の失われた青春へのノスタルジア

に過ぎないのに、視聴者は憧れてそちらに向かう人もいるかもしれない。我慢してまじめにやっている人はニュースのインパクトが無いので取り上げられないのだ。テレビ映像の発信の責任は誰がとるのだろうか。正しく批判し評価できる個人に成長していなければ、それを見せてはいけないかもしれないのだ。そんな鉄人レースでは何種類かのレースが課されていて、Trekking や Whitewater Swim などがあるそうだ。山歩きでのトレッキングとかテレビドラマの「スタートレック」で知られているように、「牛が荷車を引く」ほどの歩くスピードである。また whitewater は白波のことであり、焼酎とも連関している使い方もあるが、Whitewater Drifting（激流下り）もあるように、Whitewater Swim とは激流を泳ぐことである。

　最近、オタクはこれからの時代を創っていくことになると、かえって評価を受けているようだが、モノにこだわる専門集団としてとらえられているのであろうか。もちろんオタクでも働いているものとすねかじりとでは異なっているのだが。さらに、最近問題になっているのは、働いてはいるが生活保護家庭以下の低所得者層であるワーキングプア（working poor）と、生活保護を受けている世帯が百万世帯を超えていることである。このような格差意識の向上は、各方面に渡っての意識向上現象を引き起こし、格差是正のベクトルへと舵を切ろうとしている。勝ち組負け組といういわば当たり前の競争社会の産物ではあるが、それも規制緩和から始まっていることに意識が向けば、当然規制の強化や新設を求

めるようになる。つまり一方が良くなれば必ずもう一方では悪化することは自明の理であることを知るべきである。もし仮に皆がすべて良くなることが一時的にあるとすれば、それはさらなる悪化を引き起こすか、後回しにして、つけを後生に回すだけのことであろう。極論すれば皆が良いことさえないのである。最近、市街商業地の衰退が叫ばれているが、大型店の規制緩和によるものだと言われている。当たり前の競争結果なのではあるが、古き良き時代の調和を目指して、zoning「ゾーニング」という名目で規制が叫ばれている。そこには実質的な人口減少期に入り、人口に対する店舗の過剰状態である overstore（オーバーストア）状態を解消して、管理していこうとする遠大な計画が存在しているのである。

　教育でもオンリーワンを強調すれば自主性に任せた自由放任が理想となっていたようなところがあったが、今それが見直されて、Zero Tolerance が提唱されている。tolerance が寛容であるから、寛容が無く、すぐ切れることを表しているのかと思い込んでいたら、「不寛容方式」で、毅然と対応して細部まで罰則を定めて、厳密に処分する方法である。これも厳罰化の方向である。厳罰化といえば、飲酒運転に対してここまでマナーが落ちているとは思わなかった。自分が飲まないので無関心でいたが、マスコミに取り上げられ続けると黙っていられなくなってくる。扇動の怖さもあるが、無関心でいた不明を恥じることにもなった。飲酒運転で事故を起こして逃げるという、人間にもあるまじき獣が増えている

のだという。そこでウィドマーク（Widmark）法という、時間経過を換算して運転時のアルコール含有状態を測る方法がある。逃げ得は許さないというモラルハザード（moral hazard）への挑戦である。ここまで来たかとの感がある。そういえば、給食費を催促したら、給食は頼んでいないと言う、止めるものなら止めてみろとも言う。どうした日本人、どうした日本。オンリーワンからYou are perfect. と言われつつ、個別化が進み、日本人がバラバラになりつつある象徴的現象である。

　村上龍氏が将来やりたいことを考えるための『13歳のハローワーク』が大人のベストセラーになっているというが、ノスタルジアにすぎない。今からでもやり直せると勘違いして、すべてを失い路頭に迷う人がでないとも限らない。「何事もあきらめが肝心」というのも、人間は執着しあきらめられない存在であるところからきた言葉である。人間は不思議なもので嫌なことでもやっているうちに好きになることもあれば、好きなことでも嫌いになることは多々ある訳である。とすれば、自分の可能性がどこにあるのかわからないし、やりたいことをやっているから幸せとは限らない。そんなに思い上がってはいけない。人間が自己中心的に思い上がってきた時代には必ず反動が起こり、反省と謙虚と慎みを求めたのである。自分の人生だから自分の思うように、自己責任で生きればいいではないかという。ではこの生命は自分だけで獲得したのか。この生命を支え長らえるために犠牲になっている多大な生命への感謝や謙虚さは無視していいのか。無視するのな

ら、誰かが生きながらえるために自己犠牲は認めるのか。人間は所詮生命を犠牲にしてしか生きられないし、生まれるのも生きるのも自分の力ではどうすることもできない存在である。自分の生命だけは自分のものだと思い上がっているが、自分の生命さえままならないのである。それでも自殺をしたり、殺人をしたりするが、思い上がってはいけない。生きたくても生きられない、死すべき存在であれば、ただ哀れで可哀想としか言いようがない。ただそれでも生きるし生きなければならないし、無情にも生命の砂時計は落ち続けるのである。じたばたとしたあげくに、居直るのか、それとも謙虚に感謝して生きるのか。宗教的には、自分の光が輝いているときにはそんなことを微塵も考えないのに、年をとったり、病気になったり、身近や近親の死を通して、自分の光が衰えてくると、自己中心的な考えから離れて、生かされている自分を感じてくるものである。こんなことを考えず、知らないで一生生きられれば幸せなのかもしれない。まさに知らぬが仏である。人間は知識を得て意識的になったことにより、楽園追放となったのであるから。いや楽園脱出だと抗弁することもできるのだが。楽園から追放された暗黒への旅立ちか、楽園を脱出した人間化への道程か。迷えば迷うほど幸せになれるのか、それとも迷わないことが安心なのであろうか。

(2) 社会を映す新語

　コマーシャル・メッセージでも、機内サービスで'Chicken or Fish?' 'Chicken, please!' 'Fish only.' として、選択できないことを欠点として描いている。欧米では嗜好のチョイスがサービスの証であり、事細かに尋ねることは当たり前であるが、選択の幅は贅沢であるとともに、個々を大切にする思いやりでもある。しかし、選択肢は迷いを生み出すことにもなる。これしかなかったとすれば、それで満足できたかもしれないのに、選択の結果、満足したものの、後になって、あれを選択していたら違っていたかもしれないとか、あれを選択しておくべきだったとか、迷わせる元になるのである。可能性の追求は正しいかもしれないが、リスクが大きいことも自覚しなければならない。自己責任という言葉こそこの社会を映し出すキーワードであり、個々自分の勝手、他人のことは他人事という殺伐たる社会の行程であり、それこそ自己責任を放棄していることになるのである。自己は他によって成立し、他も自己によって成立しているので double bind（ダブルバインド）の関係にあるからである。

　倉敷の大原美術館でも同種の落書きをやられていたが、ドラマで若者達の落書きサインとして Tagging（タッギング）を使っていた。落書きなら、書き殴りのような scribbling や便所の落書きのような graffiti やノートの落書きのような doodle とは異なり、

花押（かおう）のように誰だか分かるサインのようなものであり、それ故に符丁の tag から、tagging としているのであろう。普通、署名は signature であるが、有名人などのサインは autograph と表現する。最近、著名なデザイナーの息子が落書きしたとかで、犯罪としてニュースになっていたが、明らかに落書きではなく、書いた場所が間違っていただけの芸術と感じたのは私だけであろうか。しかし、落書き環境が犯罪を増殖させるというデータがあって、落書きを消してきれいにすると犯罪の減少は顕著であったようである。

　また球界再編で話題をさらったが、これまではあまり陽の目を見なかった言葉にタンパリングがある。いわゆる岩熊問題でも言われたが、野球協約違反にあたる事前交渉のことである。ここできっとあるはずと探してみると、「ライオンズがタンパリング?」と出ていた。決して楽器の tambourine ではなく、tampering であり、「余計な手出しをする」ことであり、賄賂を使うことも意味する言葉である。

　事件によって産み出される言葉も多種多様である。最近では暗証番号を手に入れてカードから大金を盗るという「スキミング窃盗」がある。skimming とは「すくい取る」と言う意味であるが、カードをカードリーダー（カード読み取り機）に通すことから来ている言葉である。カードといえば、クレジットカード詐欺として、フィシング詐欺なるものが横行している。魚を引っ掛けて漁することからきている fishing と思いきや、phishing である。 fantasy が phantasy とも綴られていることからも、「f」が「ph」と綴られていたことに由来しているのである。この場合には新しい意味を含む言葉として区別するためにこのような綴りを用いたのであろう。

ドラマではどんどん専門用語が使用されて臨場感を出している。ジャーゴンとしては自然な言葉であっても、専門外の者にとっては珍しく新鮮である。『救命病棟24時』でも「トリアージ」と使用されていたが、triage（トリィアッジ）とは本来は戦争の前線での「負傷者の分類と応急手当」のことである。またビオトープという言葉を耳にしたが、biotope の正しい発音はバイオトーブであり、生物の成育生息環境、小生活圏のことである。また睡眠時の突然のひきつりや痙攣の jerking が採り上げられていた。この語彙はウエイトリフティングのクリーン＆ jerk（ジャーク）の「急にぐいとひいて」肩までいったん上げて、そこからさらに上に上げる上げ方を思い浮かべる人は多いと思われる。そこでついでに「一気に引き上げる」上げ方の snatch（スナッチ）をさらに思うかもしれない。

最近の少子高齢化により人口減少期に入り、子作りや子育て支援の少子化対策の話題が政治の場でも取り上げられている。イタリアでは、タクシードライバーが人気ある職業であり、その職に就きたい人が多いので、子供が3人以上いる人が優先的に採用されるという。それは外国のドラマでも、現実離れと思えるような donation が取り上げられている。もともと寄贈の意味であるが、

今では精子提供のことである。病気などによるものではなく、自己選択の人生設計の一環として利用するという方法が採られている。これは神に対する冒涜なのかもしれない。

また事件といえば、昨今監禁事件が増えているが、情報化社会の陥穽のようなものであり、なぜなのかと悩んでしまう。そのような中でよく聞かれる言葉としてStockholm syndrome「ストックホルム症候群」がある。長期間監禁が継続すると、被害者が犯人に親近感を抱くような兆候が生じてくると言うものである。ルーツはStockholmでの監禁事件から名付けられたそうであるが、かつての「何とか風呂」騒動もあったのでいかがなものであろうか。

メディアの買収とか乗っ取りと仕掛けていたが、逮捕されてしまったLivedoorやそれを裏で操っていた村上ファンドから発せられる、シナジー（相乗）効果に説得力を感じている人はどれほどいるのだろうか。メディアから発信された途端に、善悪を超えて、情報として拡大されて影響を及ぼしていくことになる。発信された情報が誤りであってもいったん発せられたものは元には戻らない。最初に発信した者勝ちであり、たとえ誤りであっても修正情報は関連情報でしかなくなる。したがって、いずれも発信型ばかりであり、受信型はいない。両者がwin-winの関係でないと成立しないとか言うものの、既存の価値体系にとってはインベーダーやエイリアンでしかないこともまた事実なのである。したがって、それらを効果とするか悪影響とするかは、個々人の取り方次第であり、またこうして話題にしていること自体、露出度の問題同様

に、synergy（共同作用）効果ともいえるものであり、それが証拠に株価は乱高下しているのである。

　英語は比喩表現を好むところがあり、夜行便も red-eye flight としている。寝られなくて眼が赤くなることからの「赤目便」である。また Brown nose はごまをすることであり、きつね色からだましと関係するのかもしれない。また合成語もエネルギーを感じる語彙である。さらに、最近日本製のアニメーションブームを感じさせる、Japanimation（ジャパニメーション）があり、Japan と animation から成り立っている言葉である。また、最近の子育てには、「カンガルーケア」（kangaroo Care）が良いそうである。カンガルーがお腹の袋の中に赤ちゃんを入れて育てるように、母親が常に側にいて子育てをする、特に抱いてやることが必要なのだそうだ。最近の調査では、犬も、生まれてすぐに母親から離すと愛情不足のためか、やがて大きくなってから凶暴化するそうである。ましてや人間なら、と考えての反省であろう。ところが、この影響か、最近では子どもの友達は母親が多くなっているという統計も出ていた。良いとなればほどを知らぬ事からこのようなことになるのかもしれない。

　政治ではたくさんの言葉を産み出し、また意味を与えている。2005年の衆議院選挙の総括でも、なぜここまで国民の関心を呼び覚ましたのかと問題視している。その理由として、単純化を挙げている。その一例が、首相の極端なストレートのワンフレーズ（one phrase）にあり、単純明快さにあるという。ここからワンフ

レーズ・ポリティクス（one phrase politics）と揶揄されている。特にテレビでは、長々と詳しく説明しても、都合の良い部分を勝手に切り取って使われることが多いから、と言うのである。さらにテレビでは言葉はone of themにすぎないものであり、表情やしぐさ、口調を重要視するという。すべて計算がなされているのである。政治はテレビの活用次第で動くことを危惧しなければならないが、テレビなしではどのように伝達効率を上げていけるのだろうか。しかし、国民の支持率、早くいえば、人気をおもねる政治をポピュリズム（populism）と批判する人気のない政治家もいるが、国民が支持しないことをする政治はもっと恐ろしい。何事も程度の問題なのかもしれない。かつて、一言居士と揶揄される人がいた。会議などの場で、とにかく一言、特にくだらない一言を述べる人のことである。

　ボクシングがスポーツではなく、プロレスやサーカスのようなショービジネス（show business）と知らされたのは2006年8月の世界タイトルマッチである。その余波に驚き、あわててリターンマッチを組んで対応したが、問題はホームタウン・デシジョン（hometown decision）「地元判定」である。Champに人気が出たのは、判定ではなく圧倒的な強さでノックアウトしてきたからある。常に圧倒され続けて、groggyな彼が疑惑の判定で勝利を手にするのはファンに対する冒涜であろう。それにボクシングが駄目になった理由は、判定の少ないPrideやK-1の失神や骨折や流血などの完全なるノックアウトに大衆は酔い痴れているからである。そ

れは古代ギリシャ市民が闘技場でのより過激な殺し合いに酔い痴れた2000年前と同じであり、公開処刑をホテルに陣取って見物したヴィクトリア朝のイギリス人と同じである。なんと人間は精神的にはなんら進化していないことを知るべきである。ネットではテレビ局が作製するシナリオ通りに展開したと喧しい。常々視聴率がすべてだと豪語しているテレビ局がネットで攻撃をされ始めると、今度は違う尺度を使い始める。所詮、大衆に迎合していけば、大衆からのしっぺ返しが必ずあることを肝に銘じておかなければならない。ある政治家がそれをPopulismだとしていたが、このポピュリズムは人民党主義のことであり、所得再配分のことでもあるから、誤用である。

　また長野県の知事にしても、いくら大衆の支持を受けていたかもしれないが、周りの意見を聞かず、反対者を遠ざけて、やりたい放題では支持を失うことは自明の理である。これを暴走というのである。マスメディアの役割が批判であり、暴走のチェックであることも言うまでもない。情けないのは、今回のTBSの暴走に対して、他局はもちろん、他のメディアの尻込みや、尻すぼみの態度には、護送船団方式の銀行とよく似ている。他とは異なることを自己のアイデンティティとして選別化していくやり方ではなく、総務省の管轄内で総合扶助の精神を発揮している。こんなところでは、戦争の戦況をこぞって誇張し鼓舞したまま、自己批判や責任を誰もとらなかったことをすっかり忘却して、今の公務員の無責任体質を口撃したり、北朝鮮の現状を口撃するのは、盗人

猛々しいのではないか。所詮、メディアも人間であり、神ではないことを知るべきである。すべて、経済という枠組みや、商売や経営という枠組みの中でしか生きられないのであるから、真実を求めるのは幻想であり美辞麗句にすぎないのである。決して、礼節が先には来ない、衣食が優先されるのである。衣食足りてこそ、礼節を知ることになる。最近の地上デジタル放送、「地デジ」への無理矢理の変更は横暴も甚だしい。変更しなければならない理由は薄弱であり、しかもお金がかかることを強制されているのである。選択肢として提供することが準公共的なものの役割であり、受益者のメリットなしに選択肢を奪うのは公権の乱用である。需要と供給によって世の中のバランスが保たれていくのが経済原則であり、供給側の都合で需要者を圧迫するのは、まさに脅迫である。どうしてもそうしなければならないのなら、どのような物理的理由があるのか、需要者の納得がいく説明の責任があるはずである。一部の人間が全体をリードしていくのはやむなしであるが、強制してはならない。良いものであれば、いくら禁止してもそちらに流れていくのであり、買い求めるのだから。これを「買え」とか「手に入れろ」とかは言われたくない。いずれ自分で自分の首を絞めていることに気づくはずである。

　需要と供給の関係は無理強いしてはならないのであるが、流行が言葉を作り出し、ネーミングや言葉がまた流行を創生していくという相乗関係にある。例えば、主婦と生活社の『ニキータ』（NIKITA）には言葉で仕掛けているようなところがある。艶女

（アデェイジョ）から柄女（ガラージョ）のような変化は見事であるのか、評判になっている。また食事の方面では、かつて、マヨラーというマヨネーズ好きの呼称が流行ったが、最近では、ソース愛好家をソースラーと呼んでいるようだ。食事といえば、かつて鉄道、今電車の駅で売られる弁当を駅弁といっているが、最近は空港もあれば、高速道路でも売られている関係からか、前者は「空弁(そら)」と呼ばれ、後者は「速弁(はや)」と呼ばれているそうだ。かつて「はや弁」はよくやったものだが、それは「早弁」である。ではバイカーは理解できるだろうか。 biker のことだから「オートバイを運転する人」である。アラレちゃんの「バイチャ!」を思い浮かべる人はもう年寄りだろうか。

第3章　誤解と勘違いサークル

(1) 誤解と思いこみ

　boom が言葉を産み出し、言葉が boom を創生していくことになったり、また従来の言葉の使用範囲を広げていくエネルギーになることから、誤解や勘違いを産み出すことにもなる。お笑いブームの中、芸人言葉がこのブームに乗って一般にも広がっている。例えば受けないことを「寒い」とか、元気がない場合に、「テンションが低い」ので「テンションを上げる」などという言い方をしている。テンションを上げると言っても、緊張や不安をあおることではない。ここでの tension は「緊張」ではなく、張力や膨張力のことであり、「ぴんと張る」とか「伸ばす」の意味で使用しているようであり、そこで電流関連の「高圧」の意味でのhigh-tension は理解できる。このように特殊な分野、いわば jargon（特殊専門用語）から派生して一般に広がっていくのは、言葉の柔軟性であり有機性でもあると考えられる。

　また政治や社会や時代が語彙を歪曲することもある。例えば、今や「世界共通語」として「英語帝国主義」と言われることもあ

るが、戦時中には英語が敵性語扱いを受けていたことがある。そこでは strike を「良い球」、ball を「悪い球」と言い換えていた。しかし、良い球とは打つのに良いと言っていると思いがちだが、英語の strike は手または手に持ったもので「打つ」ことであり、アンパイアはバットで「打て!」と言っている。強いて言えば「打つべき」球だったと言っていることになる。そこで hit も「ねらって strike すること」であるから、両方とも strike することであるから、hit と strike とは類語である。さしずめボールのことを「悪い球」としていたのは、「打てない、打ってはいけない」ので、悪いとしたのである。言い換えたものを英訳すれば、a good ball と a bad ball となり、ボールの質の良し悪しと思われるかもしれない。そこで strike と ball に落ち着いたのであろう。野球ついでに、一勝一敗のタイと使っているが実は SERIES TIED と形容詞にして使用している。また、ボールはライトセンター間を抜けたなどと言うが、その場合の「間」を gap と表現している。日本人には、意見や感覚の相違での gap なら分かるが、この場合には between と誤解しやすいかもしれない。またタッチアウトなどとタッチを使っているが、正確には touch ではなく tag であり、touch up ではなく、tag up と言っている。

　かつて、The Beatles（ビートルズ）の歌に、'A Hard Day's Night' があったが、これは「ちかれたびー」という意味である。また hard sell は押し売りである。最近では hard も tough も理解できる範囲になっているが、ところで我が家の近くで健康器具の販売が

あった。一定のリズムで、ハイ、ハイと大声がずーっと聞こえてくるので、何事かと思っていたが、どうやら「催眠商法」と言うらしい。若者から親切にされるとともに、催眠状態にされたお年寄りが高い商品を喜んで契約しているのである。そして帰り際には、格別の優しい言葉をかけて、家まで送ったり、今日は楽しかった、ありがとうと言わせて帰すのだ。すべて県外からやってきている集団である。まさにハードな時代なので、タフに生きていかなければならない。またよく使われているものに high がある。英語では High Noon を『真昼の決闘』としているが、日本語では「真昼間」という表現もある。また肉料理付きのお茶の時間で午後五時から六時までの High Tea とかまさにその時という意味で High Time もある。もちろん highlights とか high-adventure などもあるが、誤解を生んでいるのは highway である。日本では高速道路のニュアンスがあるが、英語では byway との対応で大通りや本通りのことである。高速道路としてアメリカでは superhighway とか expressway とか、無料の freeway と言い、英国では motorway としている。

　料理といえば卵料理は庶民的であることから、多種多様である。中でも卵の焼き具合によって言葉が異なることはこれを証明している。半熟の片面焼きを easy としているのは、作り方が簡単であるためだろうか。半熟の両面焼きは overeasy としている。卵といえば、日本のように熱々ご飯に生卵を食する習慣は、諸外国にはあまりない。SARS の影響がより一層拍車をかけているかもしれ

ない。ただ、ロッキーが身体を鍛える際の栄養補給としてたくさんの生卵を一気に飲んでいたことを覚えている方もおられるであろう。

　思い込みから間違うことは多々あるが、中国の都市には「大酒店」と書いてある建物がでてくる。酒場、それも大きな店と思いこんではいけない。実は「ホテル」のことである。かつて流行ったイタリア製の西部劇を表す「マカロニ・ウエスタン」も、正式にはSpaghetti westernであると知れば、スパゲッティをマカロニと言い換えているところが面白い。また韓国が北朝鮮に対して採っている融和政策を「太陽政策」と呼称していたので、Sun's とかSunny を使って表現しているものと思いこんでいたら、Sunshine Policyとしていた。またpolicyといえば、イラクに対してアメリカが望んでいるのは、change policy「政策転換」であり、北朝鮮に対してはchange regime「政権交代」であると言われていた。

　軽いところで、casual sexって何だろうか。普通の性別でも普段着でのあれでもなくて、「浮気」のことである。最近ベッカムの不倫騒動では、Beckham's secret affairとしていた。また売春は人類の発生期から存在し、人類が存在するところどこにでもある、と言われている。悲しい人間の性（サガ）である。その種の事件は日々毎日、地位のあるものほど、面白おかしく報道されている。最近、隣国では、それを使って機密情報を漏洩させる、ハニー・トラップ（honey trap）、つまり「色仕掛けの罠」があるという。美女とお金に目がくらむのもやむを得まい。小説には、主人公が

成長発展していく a Bildungsroman（教養小説）という範疇があり、主人公が乗り越えなければならない ordeal（試練）として、女性と金が最大のものであった。これを利用した恋愛商法なる商売も、試練である。美しい女性やイケメン男性が優しく声をかけてくる。もうその時点で落ちている。だいたい、そんな人に声をかけられること自体おかしい。もてるはずもないのに。それに忙しい人が話しかけてくることはない。退屈しのぎか、何か魂胆ありか、である。特に、空港や駅で声をかけてくるのは、電車の発着場所や時間ならまだしも、元来おかしい。騙す方が悪いのか、騙される方が悪いのか。日本はスパイ天国だと言われている。「私はスパイだ」と言って近づき、スパイが自分はスパイだとは絶対に言うはずがないはずだと、まんまと騙された人もいるという。

　誤解しているといえば、クッキーとビスケットは異なっている物と思いこんでいるが、英語ではcookieにクッキーとビスケットが含まれている。そこでbiscuitは「小さなパン」のことを表している。最近の介護ブームでよく聞く Day Care は、老人を施設に一日の何時間かを預かって世話をすることであるが、本来は保育所の「昼間保育」を意味するもので、幼児向けであったのである。またウエストポーチ（ウェイスト）もよく聞くが、これは fanny pack や bike bag のことであるから、英語の方がすてきな表現である。和製英語といえば、アフターサービスがある。サービスの後に何をするのか。英語では after-sale service であり、まさにアフターセール（販売後）のサービスのことなのである。モーニン

グ・コールもよく聞くが、正しくは wake up call である。「電話ですよ」という際には、telephone ではなく a phone call が普通の表現だが、その点では米とご飯の区別は付けずに rice と表現することがほとんどで、curry and rice とか fried rice などとしている。しかし、ご飯を強調したい場合には boiled rice としているのである。誤解しやすいといえば、米食文化があまりないところからか、ricer と呼称するにしては、ジャガイモなどをつぶす用具のことを表している点である。英語では masher も使われている。またスウィート・ルームのスウィートは sweet ではなく、同音異義語の suite である。ではどのような部屋であろうか。「甘い部屋」であるはずがない。ではラブラブのカップル用か、ハネムーン用の部屋であろうか。そうではない。実は a suite of rooms「ひと続きの部屋」のことである。それゆえ、部屋が2つ以上あることになり、そこで当然値段も高いわけである。実はこれは私の体験であるが、予約していた Holiday Inn があまりに高いので、ほかのホテルを探して、部屋を求めたところ、通された部屋が古色蒼然とした部屋であり、部屋の中にドアがあったので、開けば続きの部屋があった。どういうわけか、そのフロアには誰も宿泊していなかった。「ぼっちゃん」(=ぼられる)されたのであろうか、そうではあるまい。私を見て、貴族だと思ったのかもしれない。ところで最近流行の one room mansion は明らかに和製のものであり、ひと部屋だけの大きな館とはどのようなものなのか、驚きである。その点では、ひと部屋からなるアパートとは、studio apartment と言う

のである。そしてhouseの一軒家に対して、homeは住居と言ったところである。また展示場ではモデルハウスもよく聞くが、正式にはa show houseである。また日本ではジェットコースターと使っているが、英語ではroller coasterであるから、ローラーコースターというべきである。ところで蛇足ながら、日本でジェットコースターとして、英語ではjet coasterと思いこんでいるが、実は英語にはこのような表現は存在しない。実はゲイの世界を象徴する隠語であり、特に男性はうかつに使ってはならない言葉となっている。

　ハードウエアとかアンダーウエアと書けば、同じ綴りと勘違いしてしまうかもしれないが、hardwareとunderwearの違いがある。では茶道具はいかが？　teawareであり、またtea complexと言われることもある。茶道に後れを取っているのではない。和製英語が圧倒しているものとしては、ストッキングがあるが、英語ではpanty hoseであり、また日本では縫い目のないものをseamlessシームレスと言っているが、seamfreeが普通である。

　また英国ではketchupと日本語に近いが、アメリカではcatchupとかcatsupと綴る方が自然であり、なんだか野球やネコに追いつかれそうな音と綴りになっている。かつてシュークリームを靴のクリームと誤解されると面白がっていたが、英語ではcream puffである。ところがクリームパフと聞けば、クリームパフェやシュークリームを思い浮かべたり、化粧クリームの刷毛と思うかもしれない。ついでながら「上等の中古車」を表すこともあるそうだ。

中古と言えば、リサイクルも使っているが、second-handed と同様に、正しくは recycled であるから、「リサイクルド」と、状態の形容詞になるはずである。また綴りでは message を運ぶ人を messenger としているのも、crisis の複数形の crises も間違いやすい。その点、massage（マッサージ）と massager（マッサージをする人）の方は分かりやすい。

(2) 誤解しやすい言葉

消防士はあの「9.11」やカリフォルニア州の大火事でも花形であり、Fire worker とか Fire Fighter などと敬意をもって呼ばれている。消防が Fire Fighting と呼ばれることから、まさに火との闘いである。それに対して fireworks が花火とくればなかなかのものである。カリフォルニアの停電の際に、power blackout としていたが、日本では電力をエネルギーの範囲にいれているが、エネルギーは人間の肉体的勢力のことを主に表している。停電を表すには The lights go out. とか power outage とも言う。さしずめ発電所も power house である。もちろん power は目に見えない内在する力のことであるから、目に見える力を表す force は使えない。パワーといえばブッシュと連想するかもしれないが、大統領選挙でのテレビ公開討論会での服装は、ブルーのスーツに赤いネクタイであり、これを power look とか、power style などと表現していた。大統領の服装というより、心理的に好感度の高い服装のことらしい。その

点ではポスト小泉の総裁選候補者もネクタイの色などには細心の注意を払っているとのことであった。権力者の色として、いつもスタンダールの『赤と黒』が挙げられるが、かつては purple が権力を象徴していたが、12世紀末ごろから赤でも scarlet がその役割を果たしはじめたと言われている。スタンダールは赤を軍人、黒を僧として象徴化したのである。

　服装といえば、礼服はモーニングと言っているが、moaning か morning かと悩む人もいるかもしれない。moan は「悼む」だから、葬儀用としては moaning がぴったりだが、一般儀式用だと違和感がある。実は morning coat であり、矛盾しているかもしれないが昼間用なのに morning dress と使用しているのである。ところが、アメリカでは cutaway coat が通常であり、礼服としては Cutaway とか Full dress と分類されていて、モーニングは使われていない。もちろんモーニングは燕尾服とも言われているが、それは tail coat としている。tail がツバメの尻尾と結びつくことは面白いが、テェイルが物語や、はたまた怪しい意味になり、眼にまでくっついている。the tail of the eye とは眼に尻尾が生えているのではなく、尻尾だけに目尻のことである

　最近特に地方大学は地域の大学へと地域密着を目指して、country「地方」から local「地域」へとシフトしているが、かつての gown（ガウン）と town（タウン）との対立関係から言っても至極当然の流れである。一般的にはローカルを地方や田舎と誤解する余り、area を使って、ローカルニュースからエリアニュースへ

と意識して使われている。ローカルに感じられる田舎色からの脱却を求めてのことである。そういえば日本語でも裏日本などは不適切な言葉として修正されている。元来 local に田舎の意味はなく、「近所」としても使われているのに対して、田舎の場合には country で表している。使われるのは a local train ローカル・トレイン「普通列車」とか、local rules（内規）の暗黙の了解とか「お約束」のような、個人間のルールのことであり、全体の一部的な感覚として使われている。それに比べると hometown decision（地元判定）はルール以下であり、それ以前の問題である。また下町は海の方で商工業者の住む地域であり、山の手は山の方で businessman の住む閑静な住宅地域と分けられているが、uptown は山の手であり、つまり住宅地のことであるが、downtown は下町のことではなく、商業地や繁華街のことである。本来は対立しているに過ぎない同等語が、上下や好悪の関係が物理的生理的感覚的に付加されてきたのである。沖永良部島では東（あがり）崎と西（いり）崎と呼んでいるような単なる太陽の行程からの呼び方も、取り方次第で感情が移入されてくることは、sunrise の「日出ずる国」から sunset の「日没する國」として怒りを買ったことも経験していることである。

　wrecker 車とは壊れた車を引っ張っていく車であるが、元はと言えば、shipwreck（難破）や破滅の wreck から来ているので、救難や救助の意味よりも、むしろ壊す方が主であり、壊す人とか壊し屋の方が自然である。ある党首の異名は「壊し屋」であるから、

第3章 誤解と勘違いサークル　69

「レッカー誰それ」といえば、何かの運び屋と思われることもあるかもしれない。チャップリン（Charles Chaplin）のLimelight『ライムライト』があったが、『大舞台』と訳していることに違和感を感じた人もいるのではないか。limelightとは舞台で皆が注目する照明を受ける場所のことであり、spotlight「集中光線」に近いものである。そしてhighlightsの「浮き彫りにする」という意味でもある。

　外国語は切り方でも難しい。音節で切るのだが、日本語の切り方に引きずられて間違いを起こしやすい。かつて『ちろりん村とクルミの木』では、ドン・ガバチョが登場していたので間違うはずもないのだが、「ドンキ・ホーテ」とやる人は多い。当然Cervantesの作品の主人公の騎士の名前はDon Quixoteであるからドン・キホーテである。あの「ディスカウントショップ」もドン・キホーテとしているが、オンラインショップではドンキィ・ホーテが存在していて、Donky-Houteと商標登録しているのは、逆手にとって音遊びをしているのか、日本人の弱点を利用しているのであろうか。ハンバーグ専門店のドンキーもあるが、そこで宣伝ビラにドンキービアとしてドイツ語表記でDonky Bierと書かれていた。英語では棺桶を置く台のことであるから、一瞬びっくりである。ところで「ディスカウントショップ」と書かれているお店を町中ではよく見かけるが、discount shopは英語にはないことを読者諸賢はよくご存じあろう。shopとは単独商品の専門店のことであり、coffee shopとかflower shopとして使っているので、

安売り店は discount store あるいは discount house として、各種商品を扱っているお店でなければおかしい。ついでながら、 discount bank とは割引銀行ではあるが、手数料割引する安売り銀行ではなく、手形割引をする銀行のことである。ちなみに、 coin bank というコインだけを預かるような銀行とは何か？ それは「貯金箱」のことである。また sweat shop はまるで汗を専門的に売る店のようであるが、「搾取する工場」のことである。

また『クイズ・ミリオネア』では高額賞金の問題として Kilimanjaro（キリマンジャロ）がどこで区切れるかを尋ねていた。このような問題になる場合には、決まって切れそうにもないところで切れるのが普通であるが、なんと正解は、Kilima-Njaroであるから、キリマ・ンジャロと表記すべきである。意味は「輝く山」であるそうだ。

あの毛髪関係のアデランスの意味は、フランス語で「くっつくこと」を意味している。湾岸戦争で話題のイージス（aegis）艦もギリシャ語の「盾」と知れば頷けるかもしれない。またクロワッサンも crescent「三日月」と知ればあの形も納得である。偏西風を貿易風と呼んでいるので、英語表現の trade wind を trade から貿易だと勘違いしがちであるが、この trade は語源的には tread（踏む・歩む）と同根であり、航路やコースのことであるから、 trade wind とは「常に同じコースをとる風」であり、easterly wind「東風」のことである。もちろんこの風を利用して貿易をしていたのであるから、「貿易風」だとする意見もあるかもしれない。またゼフィ

第3章　誤解と勘違いサークル　71

ラスは西風の神様であり、Zephyr とは暖かい風のことである。詩人の P. B. Shelley も 'To the West Wind'「西風に寄せて」と詠っている。イソップの北風はギリシャ神話では Boreas と呼ばれている。また自動車レースでは rally などと使用するが、「再会」とか「再集」の意味もあるので、貴公子セナもそうあってほしいものだ。

　英語では、naked と nude のよく似た状態があるが、どちらも裸であるが、裸族は見られることを前提にしていないのでヌードとは言わない、その点見られることを前提にして服を着ていない状態が naked である。例えば裸眼も the naked eye としている。むき出し状態の bare は naked に近い状態を表している。その点ヌードは芸術の一つの形態であり、「服装の一種」だと考えている人もいる。だとすれば、公園で時々見つかる変態は naked なのか nude なのか。自分では nude と考えているのかもしれない。この点はもう少し観察熟慮しなければならない。

　鉄腕アトムがアメリカでは Astro Boy と呼ばれているが、boy といえば少年、girl といえば少女と思い込んではいけない。old boy も OB とし、old girl は OG でもあるように年に関係なく男や女で使える。また garden boy とか stable boy としても使われている。ただしこれは、一人前の gardener「庭師」や groom「馬丁」になる前のお手伝いで見習いの小僧さんと言ったところである。その点では man や woman や「-er」や「-or」や「-ist」などは一人前の職業人としての呼称である。ただ sailor と sailorman は何だか変。ポ

パイは sailorman セイラーマンであるが、こちらは俗称である。その点 seaman は普通である。fisher と fisherman も、あのサンフランシスコの Fisherman's wharf でもお馴染みの fisherman は俗称である。では fisherwoman は女漁師？　漁師の奥さん？　その場合には fish-wife もあるが、こちらは「女の魚屋さん」。どういう訳か、がみがみ口汚い女などと悩んでみるのも一興かも。ここで問題を一つ。sandman とは砂売りか砂男か。 man とついても実は「眠りの精」であり、「睡魔」のことである。眠くなると目に砂が入ったようにこするからだそうである。

　racket（ラケット）とは元来「網を張っている」ところからのネーミングであるので、ラクロスならそれで良いのだが、卓球やテニスの場合にもラケットと慣れ親しんでいることには問題がある。正式には bat と呼ぶべきなのである。これではコウモリもびっくりかもしれない。

　Taste of Honey を蜜の味としていたが、言葉遊びはどこでもやるようだ。honey には「下肥」の意味まで含まれていて、honey bucket とか honey cart とくれば、蜜入りのバケツやカートを思い浮かべてはいけない。例のクサイ奴のことだからである。また日本語では趣味を hobby として、taste も近いものとして使っている。しかし、taste は味わいであり、美学的で総合的な判断力であるセンスと関わりのある感覚を表す、なんとも高尚な意味合いの言葉なのである。

(3) 和製英語

　全入時代に突入し、大学倒産の憂き目に会いたくないのか、どこの大学も受験者を求めての宣伝合戦である。夏休みともなればOpen Campus（オープンキャンパス）流行であるが、大学によってはOpen Universityとしているところがあった。これでは誰でも入学できるという意味であり、入試によらずに入れるものであり、Open CollegeとかIntensive Course（集中講座）や公開講座のことである。一般公開や大学公開という意味では Open House としている。houseといえば、ヘアサロンのことでカットハウスがあり、cut houseと書いているものもある。しかし、cut houseと聞けば、cutthroat（「のどを切る」から殺人者）とかcutpurse（「財布を切り取る」からスリ）のように、カットした家のように感じるので、英語表現ではない。

　ちなみにキャッチコピーはcatchy（人を引きつける）copyから作られた和製英語であり、正しくはcopyやsales messageと言う。コピーや看板などの大衆の興味喚起のエネルギーは絶大なものでありながら、その効果は微妙であり、その面白さが意図的か単なるミスか計りかねることにも起因するからである。例えば、Do it yourself. と書いてある。正しくはDo it yourself. である。故意か無意識か、どちらが効果的かと考えるところに面白さが倍加する。間違いといえば、「運転が示すあなたのお人柄」という標語がアメ

リカやカナダにもあるとして、"A MAN DRIVES, AS HE LIVES"と交通安全協会の教本に示しているが、普通は as 節を前にした場合にコンマを入れてポーズを置くことになるので、ここではコンマは入れない。

　思いこみによる勘違いは和製のものと気づかずに使用して、それが英語だと思っている場合である。最近、テレビ番組でもそのような誤解しやすい和製英語を採り上げるようになった。語彙への関心や意識が高まってきた証拠であり、正しいものへと近づいているのである。その典型ではあるが、チアガールと当たり前のようにいっているが、英語には cheergirl はないことから、正しい cheerleader へと変化してきている。当初女性だけの専売特許のように思われているが、もともと男性も可能なのであるから、gender 問題には抵触しない言葉なのである。しかし、これを聞けばメンバーの中での中心的な存在と考えてしまうが、この人たちが中心となってとみんなをリードして応援することなのかもしれない。みんなが leader なのだから、メンバーは cheerleaders としなければならない。プレイガイドを ticket agency とか、ベースアップを pay raise とか、ソフトクリームは ice cream で良いとかと訂正していた。またハンバーガーはパンがある方で、パンがないハンバーグと言っているものはハンバーガーステーキだとし、ベビーカーは baby buggy としていた。またペットボトルを plastic bottle としていた。しかし、このペットボトルはペット用の瓶のように考えてしまいがちだが、実は pet とはポリエチレン・テレフタラートと

いうプラスティックの一種なので、ペットボトルという言い方は間違いではなく、むしろプラスティックより正式な言い方なのである。またコンセントは同意や一致からきたものかもしれないが、正式にはoutletである。しかし、最近ではアウトレットといえばお店のことであり、outlet store は、品物を外に出して売っている店と誤解している人も多々ある。またよく使われているスキンシップは、外国では全く理解不能であり、physical contact と訂正し、トレーナーは運動指導者の trainer であって、日本語の意味ではsweat shirt と言わなければ分からないと教えていた。physical ついでに、健康診断は physical examination であり、詳しく調べる必要があるからだ。ところで番組ではマークレッドベター氏をインストラクターにして、訂正し説明を加えていくものであり、活き活きと展開されていた。英語番組ではなく娯楽番組やトーク番組で展開される時代に入ってきたことが、英語が日本語の中にいかに融け込んできているかを象徴するものである。

　また宣伝文書にも自然な Our Global Company から、Global our Company と語順を変化させている場合もあれば、Global! Our Company. と生き生きとさせるために表記している場合もある。ところがかつて「Cokeと呼ぼうコカコーラ」というコマーシャルコピーがあった。コークスや麻薬関連では、どう考えてもコークに良いイメージはないのだ。ただ音だけを、しかも意味内容にまで思い至らない浅薄な日本人をターゲットにしたとは考えにくいのだが。決して悪気があってのことではないのだが、いずれにして

も世に公言流布されたことには結果責任をとらざるを得ないのだ。

　同時多発テロから生じている一連の戦争に関連して、新らしい言葉や表現が生まれている。Now! It's our turn! とか United we stand! がある。情報といえば information と思い込んでいるが、こと軍事に関する情報は Intelligence と言われていて、特に機密情報であることを聡明な読者諸賢ならご存じのことであろう。さらに、ものとか素材の意味での stuff も、情報の意味で使われる場合もある。西洋ではライオンをシンボルとしているが、中国では龍が皇帝のシンボルであり、西洋では忌み嫌われている黄色も、高貴な皇帝のシンボルカラーである。ワールドカップで時間観の違いから話題の Cameroon（-roun）（カメルーン）も、ライオンを意味している。また伏見（ふしみ）の語源は不死身から来ているとのことである。そこで伏見にお城とはなかなかのものである。ところで、百年に一度咲くと言われる竜舌蘭（リュウゼツラン）の花が咲いたというニュースがあったので調べてみると、Century plant となっていた。ここから百年に一度花を咲かせるという誤解が生まれたそうである。

　Zico 氏から Osim 氏にサッカーのオールジャパンの監督が入れ替わったが、オシム氏の発言は間接的で変化球が多く、インテレクチャルなところがないと言葉の深みを感じ取れないところから、哲学者の異名が付けられている。例えば、大活躍のサントスが hero ですか、との問いかけに、「hero ではない、hero とは墓に入っている人のこと、死んでいる人のことだ」と答える。veteran

が退役軍人のことを表すように、heroも実在の人物ではなく、過去の英雄や偉人と言っているのである。

紳士の国では、試験でも監督者のいないhonor systemを採用しているように、紳士のスポーツであるゴルフでも、何よりも自己申告が原則である。不正な行為や申告が遅れた場合には、ペナルティが課せられることになっているが、何よりも紳士としての信用を失い、仕事にも人生にも差し支えてくると言われている。それでもトーナメントでは、attest（アテスト）という申告を証明する検証システムがある。testに「a」が付加されているのではなく、atが付加されている。「A」が付いて、A-testとなれば、atomicの「A」から原爆実験のことである。ただし発音はエイテストである。Test. となればTestamentであり、神と人間との誓約や聖書のことである。

また日本語では三段階を初級、中級、上級とに分類しているが、英語ではentry level、mid-level、senior levelと分類している。写真でよく二人で写っているのをツーショットとしているが、shotとは写真の意味であり、two shotsの場合には二回写真を撮ったことになるので、日本語での使い方は和製のものである。

また日本では一匹狼と言っているが、英語でもa lone wolfはあるが、それは文字通り「一匹のオオカミ」であり、仲間から故意に外れた手負いの存在ではない。一匹狼を英語ではlonerとするが、そこには、気高き孤高の存在というより、孤独を愛し、一人で何事もやりたがる人のことである。

第4章　言葉遊びサークル

(1) 言葉の遊び

　駄洒落といえば、アリスの「まがい亀」は、lesson とは「一日一日減っていく」からと less に掛けている。亀が出たら次はウサギである。日本でもマラソンの併走や伴走ならぬペースメーカーが2003年12月の福岡国際マラソンで採用されて、rabbit と呼称していた。*Rabbit, Run* という作品もあるが、走るのだから、亀ではいかんともしがたいのであろう。一般的な野ウサギ hare ではなく穴ウサギ rabbit を使用しているのは、後者が一般的に使用頻度が高いからであろう。しかし、日本語ではカメよりもウサギのイメージが良いが、英語では遅いとか臆病な弱虫のイメージが強い。その点ではマンガでよく登場する bunny「ウサちゃん」という幼児語の方がむしろ良いイメージである。Bunny や bunny girl は特に男性向き。

　soap opera（昼のドラマ）に洋菓子屋の「Sweets Dream」という作品があった。ケーキや candy 等の sweets（甘いお菓子）と sweet dream のスウィートをかけての合成である。その場合には

sweets' dream の方が適切な表記である。dream といえば、Honda のコマーシャルメッセージとして The Power of Dreams を使っている。これらは視覚よりも想像力に訴える、潜在力（ポテンシャル）の高い言葉であり、CM としては感性に見事に訴えるものである。

　また最近「トリビアの泉」という番組が流行っていて、trivia（取るに足らないもの）と謙りながら、明日への豆知識としていて、なかなかに面白い。そこでのネタは、「お休み!」として「ぐっすり」眠るというが、good sleep「グッスリ（ープ）」から由来するそうである。おそらく綴りからではなく、音から遊んでいるのである。英語では sleep fast とか a sound sleep とか sleep soundly、sleep well である。また眠れないときに「羊が一匹、羊が二匹……」とやるのも、sheep と sleep との混同から来ているらしい。お休みなら、Sweet dreams! もなかなかロマンティックである。ところで good speed! は快適なスピードでと言うことからか、「旅の安全を祈る」言葉であるから、フランス語の bon voyage である。ただし足が眠っている場合の My foot is asleep. は「足がしびれている」のである。

　また相撲は日本の国技なのに、番付表を見てびっくり仰天したことがある。いつの間にか外国人力士がたくさん並んでいて国際技となっている。駄洒落で smoking（喫煙）とはこれいかに。smo（相撲）の king（王様）と言うからである。かつてコマーシャルで「スモーキン・クリーン」（Smokin' clean）としていたが、アメリカでは、cancer stick とも言われて久しく、今やタバコのコマー

シャルは禁止になっているところからも、時代錯誤であろう。ところでどのように訳すのであろうか。Clean smoking として「正しい喫煙、見事な喫煙」とするのが自然かもしれない。 smoking clean では「喫煙はきれい」と誤解してしまいそうであり、何か「憎い、恋しい」流のオクシモロン（oxymoron 撞着語法）のようである。ところで、Smoke-free Area と聞けば日本では自由にタバコが吸えそうに感じられるかもしれないが、実は「煙のない」ところであるから、「禁煙」地域のことである。最近、人の集まるところは禁煙になってきている。Smoking kills.「喫煙は殺人だ」と間接禁煙を訴えてもいるが、コマーシャルには強烈すぎるかもしれない。今時、愛煙家という言葉は、煙突掃除の世界以外では死語であろうが、その昔 W.Black の時代には煙突掃除で身体の小さい子供が煤煙を吸って亡くなっていたそうであるから、まさに喫煙は殺人なのである。そういえば freeway はまさしく無料であり、duty-free は免税のことである。それからいえば、Smog-free とは「スモッグのない」ことである。また無料通話の表示でも、free dial と free call の二種類が使われている。free 自体は無料でかけ放題のような自由感覚が窺えるのだが、当然英語では free call であり、free dial は和製である。また「ご自由にお取り下さい」として Take free. と使用されている。性別無関係として gender-free、先入観なしの bias-free とか、障害物のない barrier-free として各所で使用されている。人権に配慮するところから性差別語 gender-biased words は言葉狩りに会っている。ただバリアフリーはどうしても

珊瑚礁のバリアリーフ（the Great Barrier Reef）を思い浮かべてしまうのは私だけかもしれない。

　フリー・マーケット（フリマ）は「無料」とか「誰でも参加できる」freeではなく、flea（ノミ）の「蚤の市」であるが、フリーからノミを考える人はほとんどいない。日本式の発音では、リーは「r」も「l」も同じだからである。その点、フリー・チケットと聞けば、間違いなく「無料切符」のことであるが、では旅行会社のfree plan（フリープラン）は「自由なプラン」なのか「無料のプラン」なのであろうか。もちろん無料とは誰も考えないが、旅行の計画で宿泊と交通券がセットになっているもので、ツアーのようにすべてを設定したものではなく、自分で計画できることをフリーとしているのであろう。しかし、無料とか免税の旅行計画と考える人がいても不思議ではない。学校にも「フリースクール」と呼ばれるものがあるが、英語表現としては存在しない。これは無料の意味ではなく、自由に誰でも受け入れる学校という意味であり、不登校生などを受け入れている。就職情報誌では「フリーペーパー」と表記しているが、これは「無料」意外には考えにくいので誤解は少ない。誤解といえば、旅行案内書に「ファミリープラン」とあるのはいかがなものか。家族旅行の発想から来ているものである。ところが、family planとくれば、新婚旅行や子供がほしい夫婦の「子作り旅行」のような響きがあることから、明らかに「家族計画」とはおかしい。ファミリーの中に、子供たちの意味があり、Has he any family? と聞けば、独身かどうかを聞

いているのではなく、子供がいるかどうかを聞いているのである。言葉が生きていると感じさせるところには、どこかに遊びの要素が入っているように思われる。お仕着せの作られたものではなく、肩肘張らずにくつろいでいるところに生まれるものかもしれない。「踊るさんま御殿」を英語で Dancing Samma Palace と表記しているし、またたこ焼きをコマーシャルでは、Loving Taco Ball としていた。リズムも良くて生き生きしている。かつてはマクドナルドの I love it! がピンピン生きてる感じがしていたが、今やマクドも i'm lovin' it! を使って、発音も英語らしくさせて、「今、はまってるよ!」と見事な臨場感を出している。コマーシャルはいつも生きていなければならないのだ。さらに最近の日本ブームでは、日本が「いけてる!」を、It's cool! と表現している。ヤンキースへ移籍したあの左腕快速投手のランディ・ジョンソンがゴジラ松井のことを awesome（すごい、すさまじい）の意味で Psycho（サイコ）と言っていたが、ゴジラの「危ない」と日本語の「最高」を掛けていると思われる。

　'Home Sweet Home' を『埴生の宿』としていて、「貧しい我が家ですが来てください」を Come to My "Home Sweet Home" としていたが、貧しい狭い家であるにもかかわらず温かい家であるから、撞着矛盾語法（オクシモロン）なのである。ここでもやはり house は使用しない。豪華な感もするし、自分の持ち家の感もするからである。このような表現例として、Bitter sweet memory! があるが、「ほろ苦い想い出」であろうか。この場合には形容詞が二

つ重ねられているが、メモリーという名詞に近い方の sweet よりも、bitter の方が強く感じられる。また a kind of sweet languor という表現からも、否定的な languor（無気力・倦怠）に sweet（快い・気持ちよい）をかぶせることで撞着が生起してくる。複雑な感覚が表現されることになる。矛盾はしていないがよく言われている「古き良き時代」を英語では、主観的な形容詞を先にして客観的なものは後置して good old days であるが、ここでも good が効いている。

　英語表現の面白さや新鮮さや清新さは、日本語環境の中にいるがゆえに感じるのかもしれない。例えば His eyes are puffy.「眼が腫れている」には、パフィーという歌手グループを想起しているし、His nose is running.「鼻水が垂れている」には、どうしても液体の流動よりも、走っている感がぬぐえない。会社を経営する run や蔓草の runner も面白い。またドラマで『一番暑い夏』としていたが、英語では "One Hot Summer"（「ある暑い夏」）としていた。このように英語の面白さは英語だけではなく、日本語や日本文化の音やイメージが重なってしまうところに表れている。そのようなところまで考えながらの翻訳は至難の業である。翻訳こそ活き活きと生きていなければならないからである。例えば、You can't have everything. も「欲張るな」「選択の必要有り」「虻蜂取らず」あたりであろうか。また The eyes have it!「目は口ほどにものを言う」も面白い。ただ「極秘」の言い方での Your Eyes Only はうなづける。また Show yourself!「出てこい」も英語らしい。「お身体大切

に」が Take care of yourself! とか「怪我するなよ」を Don't hurt yourself! というように、再帰代名詞は姿や身体、今風にいえば「がたい」を表しているので、「貴方自身」とはいかにも抽象的でかえって分かりづらい。 show といえば、湾岸戦争での Show the flag!「目に見える形で貢献せよ（存在を示せ）」は、お金の貢献ではなく、自衛艦に国旗を翻して参加しろということである。さらに Boots on the ground! も「軍靴を履いて」と、軍隊を送って貢献することを要求している。これはより具体的な軍隊表現である。だから、「血を流せ」も「汗をかけ」もこれらの関係の表現である。その点アテネオリンピックを目指して、プロ野球のドリームチームの編成を願いながらも果たせなかった長嶋監督の Show the Flag! の「Japanのために」は、何となく緊張感も感じられるものであるが、戦争アレルギーで国家主義のトラウマがある方には、国粋主義的と感じたかもしれない。nationalism は過ぎれば狂気であるが、自分の故郷である国を大切に思う心は美しいものである。それがない人はその国の国民ではないし、他国も大切にしないので地球人でもないのである。

　また、Thanks の俗語的なニュアンスを「ありがとうス」とか、Happee Birthday!「たんじょうびィ おめでと」には表現の差違を綴りの差違にして表しているところにセンスを感じてしまう。ワールドカップをにらんで、Dread Hair（ドレッドヘアー）で日本へ帰化したアレサンドロ・サントス選手を日本語表記して「三都主」としているところにも遊び感覚が窺える。ところがさすがに

暑いのか、サントスも skinhead（坊主頭）にしてしまった。

　表記といえば、日本語の鼻濁音の部分は、アポストロフィーで英語化している。例えば、恋愛結婚は Ren'ai Kekkon とし、あの南雲堂は Nun'undo としている。英語ではスキャナーを scanner と綴るのだが、「ン」の音を鼻濁音にするように、n を重ねている。かつて Chanel シャネルのバッタモンとして Channel をトレードマークにしていて話題となったことがあるが、今では茶目っ気のあるパロディとしてではなくと Shop Channel とか Disney Channel など、放送局や周波数として使われている。決して海峡店でお店を出しているわけではない。綴りといえば、大砲 cannon と聖典 canon が同音異義語となっているので、文学史の講義でキャノンと初めて聞いたときには驚いたものである。

　ネーミングが売れ行きに影響することは言うまでもないが、自動車各社ともに車名には気を配っている。動物シリーズとか新語シリーズなどがあるが、かつて南米で NOVA「ノーバ」を売り出したら、まったく売れないので調査したところ、現地語では「動かない」という意味であったらしい。その点、英会話スクールの「ノバ」はヌーベルから「新しい」の意味であろうが、生徒の中ではなかなか思ったようには英語が「動かない」かもしれない。大抵はよく走りそうな動物名や意味や音やリズムの良いものであったりする。トヨタに「カムリ」があるが、comely であり、「女性の顔かたちの整った・見目麗しい」という意味である。もともとは旧約聖書のソロモンの賀歌にある、I'm black, but comely. であり、

good-looking のことである。ついでながら、美しいと感じる根源には、シンメトリーという左右対称の調和がとれていることにあるらしい。鳥は翼の模様に、鹿はantler アントラー（叉角、枝角）に、それを読み取るそうである。その調和の根源には、健康という要素があるというのである。したがって、オシャレにはそれを心がけるべきかもしれない。

　アメリカのフロンティア（Frontierフランティア）も1900年には消滅していたようであるが、フロンティアといえば西部劇にゴールドラッシュにcowboyであり、horsemanと呼ばれていたこともある。前者は「牛追い」や「牛飼い」であるが、小僧のイメージがあり、後者は「馬乗り」であり、大人のイメージがあり、英語版「サムライ」のイメージがある。西部劇を western film と言っているが、必ず騎乗場面があるので horse opera という言い方も頷ける。オペラといえば歌劇と考えてしまうが、soap opera が昼のドラマと聞けば、歌とは関係ないものでも含まれていることが窺える。またお転婆を「じゃじゃ馬」とか言うように、カウボーイもいれば、女性版の cowgirl もいる。馬といえば、馬力も英語で horse-power であるから、やはりもともと馬の國の言葉であろう。では川の馬とは最近激減しているという河馬（hippopotamus）であるが、水馬とはなぁ〜に。アメンボのことであり、ミズスマシとも言われている。また竈にも馬がいるのか、竈馬と言う。では海の馬とはなぁ〜に。答えはsea horseである。日本語では「竜の落し子」のことである。馬に見立てた英語圏と竜に見立てた漢字圏の

発想イメージの相違は面白い。また馬面ハゲという魚がいるが、アジやマグロの類を horse mackerel と呼んでいる。では海のネズミを知ってるだろうか？　ナマコのことで、海鼠と書く。英語では、a sea slug とか a sea cucumber であり、ナメクジかキュウリのイメージであるから、ネズミとはかけ離れている。ちなみに、アワビは a sea ear と呼称している。いずれも少なくとも英語圏には直接の呼称である語彙がないところから、有効な活用がなかったことも表している。

　さらに耳鼻咽喉科は内科か外科か、と聞かれれば、内科の感があるが、英語では ear-and-eye surgeon であるから外科に入っているのである。しかし、日本では外科には属していないし、眼科とも一体化していない。昔 barber surgeon と散髪屋と外科医が一体化していたくらいであるから、何でもありかもしれない。日本語のヤンキーは暴走族のような「やんちゃ」に近いもので、まさにヤンキー!ゴーホームかもしれないが、Yankee の複数形は Yankees であり、「ヤンキース」ではなく「ヤンキーズ」であるが、アメリカ人の別称であり、愛称である。日本人の場合には、Jap あるいは Yellow monkey であり、猿呼ばわりもひどいが、イエローのもつ軽蔑的な意味合いは根の深いものである。その点ではイギリス人の総称 Uncle Tom やアメリカ人の総称 Uncle Sam には愛嬌と親しみがどことなく感じられる。どうやら、自国表現の場合には愛称となり、他国表現の場合には蔑称となっていることが理解を難しくしているようである。

またファースト・フードも綴りは first ではなく、fast food であるが、「断食」の方ではない。そこで最近、あくせくせずにゆったりと暮らす生活としての slow life や LOHAS（Lifestyles of Health and Sustainability）などがコマーシャルでもよく使われている。かつて slow といえば明らかにけなし言葉でしかなかったが、価値観の変化で価値あることと見直されているのである。そこでイタリア起源の slow food も使われている。食べたり、作ったりするのが遅いとかではなく、手をかけてゆっくりと作る栄養のある食物のことなので、明らかに junk food「クズの食べ物」とは対照的である。つまり、本物志向へ、実感のある生活へと振り子が反転しているのかもしれない。それでも、テレビ番組の「ジャンク・スポーツ」は危険な「ぶっちゃけ暴露トーク」で視聴率もなかなかのものらしい。junk は war junky（-ie）「戦争中毒」としても使われている。聴き慣れた音や耳障りの良い音で誤解することもあるかもしれない。例えば friendly fire と聞けば、たき火の火を分けてやるような優しさを感じるかもしれないが、実は「友爆」のことで、味方からの爆撃のことである。日本では小泉劇場で有名だが、「9. 11」と言えば2001年9月11日のアメリカの同時多発テロを意味しているのだが、そこの地名として有名になった言葉に ground zero「爆心地」がある。ゴジラ・マツイがニューヨークで初めに行きたい場所だったそうである。どうやらあのファッションの中心地 Soho は免れていたようである。ソールド・アウトが韓国でコンサートとの記事があったので、ソウルとチケット売り

切れを掛けてのことと思い込んでいると、単にヒップポップグループの「SOUL'D OUT」のことであった。韓国のグループに「SE7EN」とあったが、これは「セブン、21」とルビが付けられていた。

　頭韻は耳に心地よいのか、何となくすぐに繰り返して口にしがちである。「ソウルフル・ソウル」Soulful Seoul もワールドカップ以来よく使われていた。共同開催での日韓を Korea Japan とするのも、自国を先にもってくるのが自然であることからいえば、英語は韓日を訳したものか、日本をジャパンと呼称するとき、後置の方がリズム的に自然に感じるのかもしれない。例えば、「Nagashima Japan」「Zico Japan」「Oh Japan」そして「Osim Japan」などに見られるものであり、前置されているものが形容的に響いて後置のものを根幹のように感じさせるからであろうか。またキャッチ・コピーに「アイフル」がある。「愛フル」で「愛が一杯」という意味をねらった可愛いものであるが、その一方では eyeful が想起されて、「よく見ること」そして「美人」まで浮かんでくるし、「眼に入った異物の量」とか、「見張りがしっかりしている」などとくれば、事件を起こさなければ、この会社名もなかなかのものと感じさせていたかもしれない。残念。

(2) 誉め言葉

　時代が可笑しくなったのか、視聴率をとるだけのテレビ界と

なってしまったのか、HG（hard gay）なる奇妙奇天烈なタレントが出てきたが、元来の忌避すべき言葉も、逆転の発想から、前面に出すことによって、むしろ特殊な才能かと思わせるようなこともある。誉め言葉や貶し言葉として区別しているが、実は言う人や聞く人、言う場所やタイミングによって、どちらにも価値が反転することがある。それだけに言葉は難しいのである。

　例えば、straight は誉め言葉であるので、普通の趣味の人を表しているのに対して、その反意語の curve はホモや同性愛者などのことになってくる。最近てっきり露出度が減っているが、格闘技の K-1 から Bob Sappe が Beast と呼ばれ、「野獣」ではなく「超獣」としている。ここでも貶し言葉ではなく、圧倒的な存在としての誉め言葉となっている。しかし、最近ではサッパリのサップとなっている。いや決して sap ではない。確かに元気はあるけど、小さい頃には強烈なニックネーム Sap「まぬけ」と付けられていたはずである。

　相手の呼び方は、見え方ばかりでなく、感じ方や心情をも反映している。したがって呼び方が変わるのは外的内的変化をも象徴しているのである。常々「Maggie」としていたのが「Magsie」（マギーちゃん）と幼児化するところには、可愛いと思う心情が投影されているのである。Charlotte, what's the matter, sugar? の sugar は darling と同様、呼びかけに使われているのである。意味は Sugar lady のように、甘い、つまり sugared「魅力のある」である。また darling の「-ling」や Charlotte の「-lotte」は愛称形の接尾語であ

る。さらに Hamlet と hamlet が同音異義語で、ハムレットが小さな村である理由は、「-let」や「-lot」が縮小形であることと関係しているのだが、可愛く響くに違いない。その点オムレツ omelet は「うすい皿」から来ているので、形状と関係したものである。

　また『ももたろう』の初期の英語版には、Little Peachling という副題が付いているが、「可愛いモモちゃん」くらいの意味で、可愛い幼児表現となっている。もちろん The Peach Boy という表現もあるが、こちらは感情移入の感じられない「桃太郎」である。ところで江戸時代の桃太郎の版では、洗濯中に流れてきた桃を食べたお婆さんが若返り、それを聞いたお爺さんもその桃を食べて若返り、その結果として二人の間に可愛い子どもが生まれたので、桃太郎と名づけたとなっているそうである。可愛いといえば、汽車でも高倉健主演の『鉄道員』を「ぽっぽ屋」と読ませていたが、英語表現では NEIL SEDAKA（ニール・セダカ）の歌った 'choo choo train'（「恋の片道切符」）であり、まさに「汽車ぽっぽ」である。そしてウサギも bunny（バニー）といえば、「ウサちゃん」と言う意味の幼児語であり、rabbit の愛称である。

　確かに誉めれば喜ぶけれども、美しい美しいと言い過ぎると皮肉になり、かえって美しくないのではないかと自信のない者は疑い始めることになる。その点最近の若者は皮肉も通じないのか、それとも素直なのか、有難うと返してくるから不思議である。ナンバーワンよりオンリーワンと、自信過剰気味の人間ばかりが増えているからである。英語では beautiful とか lovely というが、後

者は女性だけに適用されるものであり、前者は外面ばかりでなく、内面の美しさまで表している言葉でもある。誉め言葉といえば、負け組キャラとして活躍しているタレントがセレブ婚とあった。celebrity は名士・有名人であるから、セレブ婚とは名士との結婚のことかと思いきや、豪華やリッチの意味合いで使用されているようであり、負け組と反対の勝ち組をも表す形容にもなっている。護送船団方式は問題有りと競争社会を容認し諸手を挙げて賛成していたはずなのに、競争の産物としての格差社会を今度は受け入れがたいと喧しい。競争とは強者と弱者との峻別であり、適者のみが生き残るという進化論的な考えである。

　アメリカ南部には北部とは異なる習慣や文化があり、 Southern Belle とか Southern Hospitality という言葉があるが、北部から見て南部の田舎流と貶しているのではなく、とびきりの「南部美人」であり、温かい「南部のおもてなし」のことである。しかし、どこかに Southern と入るだけで、南部訛りなどと田舎臭い「貶し」の意味合いがあったのではないかとついつい考えてしまう。

(3)　貶し言葉

　小泉チルドレンと騒がれていたが、やがて小泉シスターズも出ていた。 children は幼稚な幼児性を喚起し、一方 sisters は行動的でお姉さん的な感じを出していた。したがって、 sisters は誉め言葉であり、 children の場合には貶す気持ちがどこかに入っているよう

である。また誤解のない誉め言葉なら、小泉エンジェル（Angels）も考えられる。テレビをboobtubeと揶揄するが、tubeが悪いわけではない。利用者や視聴者、そしてその番組を産み出す制作者の問題である。失礼といえば、birdbrainも小鳥に対して失礼である。この部分、韓国ドラマでも、鳥呼ばわりすることは馬鹿のことであるが、頭部が小さくて脳味噌の量が少ないことから来ているのであろうか。もちろん俗語であるが、horseやdeerもそうだがdonkeyやassも馬鹿とか愚か者のことである。またよく知られていることだが、日本人には敏感とか繊細とかは誉め言葉として使用されているが、英語のnervousやdelicateやsensitiveやnaiveはむしろ貶し言葉として使用されることが多い。それにしても英語での貶し言葉は日本語とは比較にならないほどひどいものである。比喩の仕方の違いがそのような感じを産み出しているのかもしれない。Shove it up your ass! は「くそくらえ」ぐらいの意味であるが、直訳はすごいことになるのである。それゆえにどことなく奥ゆかしい、There's nothing between his eyes! はレベルが高い。

　ブッシュ大統領は好戦的であるためか、それとも真っ正直なのか、いつも物議を醸し出している。「ならず者国家」としてRogue statesと表現し、続いて「悪の枢軸」で、the axis of evilを有名にした。そしてまた2005年1月にもthe outposts of tyranny「圧政の拠点」として取り上げている。要するにtyrant「暴君」だと言っているのである。皮肉ではあるが、アメリカまで悪者の仲間になっているのである。また悪といえば、badを想像する人が多いが、

ジェンキンス氏も例の人物の形容で、bad ではなく evil を使用していたが、evil は bad よりも強く道徳的に悪いことであり、邪悪と訳されている。しかし、evil も bad もともに反意語は good であるところから、範囲が広く曖昧なところもある。さしずめ good man は良い男？かもしれないが、宗教的な意味で信仰のある、罪を犯さない良い人なのである。また goodman となれば家長や主人を意味していたり、身分的には gentleman まではいかない、「～さん」くらいの意味である。悪役のキラー・カーンというプロレスラーがいたが、まさしく killer 殺し屋であるが、その対称的存在として healer 治療者がいる。ところでこのヒーラーにはどうしても宗教的イメージがくっついている。さらに音的には紛らわしい悪役の卑劣漢を表す heel がある。

最近の日本の外交については、土下座外交とかナイーブだと言われているが、この naive（ナイーブ）とは「幼稚」さである immature を表しているのであって、無邪気で素朴という意味内容では言語の真意は伝わらない。その点ではデリケートな問題などとして使用しているが、英語では delicate よりも sensitive の方が頻度が高いように思われる。元来外交とは国益（national interests）のぶつかり合いであり、タフにならざるを得ないものである。そこで「エリートのマインド」と「泥臭いたたき上げのマインド」との双方がそろっていないとこなせないと言われている。外務省には良くも悪くも Muneo Mind が必要なのかもしれない。さらに、これは民族の問題でもあり、文化の衝突の中に生きてこなかった

ことにより、言葉を武器ではなく、単なるコミュニケーションとして捉えてきたことによる。隣国は敵ではなく、支配してきた属国であり、せいぜい友好国だと勘違いしているのである。だから、外務省を責めるのは筋違いであり、自分に唾を吐いているようなものである。外交官をどのように育てるかの問題なのである。反面教師としての北朝鮮であり、外務省なのである。

　宣伝用のパンフレットではカタカナ語が反乱している。ボディラインを見せるボディコン（ボディコンシャス）の復活で、肉体を意識させ、極細身用ジーンズである「スキニージーンズ」も着用などと書いている。骨と皮のskinnyであるが、lanky（ひょろ長い）同様に病的イメージがどうしてもつきまとうのである。したがって、これまで使用してきたslimとかslenderのような気持ちよい誉め言葉とは一線を画している言葉なのである。また誉め言葉のニュアンスのあるchildlikeに対する、childishのような子供じみたニュアンスの語もあるけれども、boyishは「子供じみた」ではなく「子供らしい」という意味の誉め言葉として使われている。またおそらく今までならこの boyish を使っていたところを「マニッシュな女性」と説明されていた。ところがmannishは本来非難的に使われることが多く、「男のような」とか、子供の場合には「大人っぽい」の意味であるので、今までなら少し違和感のある言葉なのである。しかしながら、コマーシャリズムの世界では、誉め言葉と貶し言葉との境界が厳密ではなく曖昧になり、音とかイメージとかが先行したり、あえて逆用したりして、それまでのマ

ンネリ化したイメージを取っ払うことを意識しているのであろう。英語でも魅力的女性の形容としてdestructive（破壊的）を使って、destructive woman と表現している。常に、これまでのものを打ち砕いて、新しいイメージを植えつけたいのである。こうして我々は言葉の意味やイメージやニュアンスの範囲を拡大させて、言葉に生命力を吹き込んでいるのである。

第5章　発音サークル

　文化が爛熟すればするほど遊びに興じるのも自然のようである。それゆえに音遊びも現在を物語るのに重要なファクターであるので、文化学のベースにあると考えられる。音だけで綴りに関係なく、和製の英語になり、日本語化していくことになる。それゆえに間違い誤解の宝庫でもある。マクロとミクロと、当然のように使い、映画でも『ミクロの決死圏』などがあった。当然ミクロではなく「マイクロ」である。マイクロホンと普段使っていながら、一度入った情報としてのmicroの方はローマ字読みから離れられないのである。その点では子供時代のウルトラマンから離れられない人も多いはずである。本来ウルトラマンは英語にはない。英語ではsupermanとなるのだが、ultraとmanの合成と推測することからも、どうしても「ウ」から離れられないのかもしれない。たとえアルトラマンと正しく言っても、誰も見向きもしてくれないことであろう。当然ウルトラCとかウルトラバイオレットもすべて「アルトラ」となるはずである。またヨーグルトも定着しているので、yogurtで「ヨウガト」と言ったところで誰も理解してくれないかもしれない。またラッキーセブンも当然のように英語通

り、7は幸運の数字と思いこんでいるが、実は野球で七回頃に大チャンスが訪れることからきているので、当然ラッキーナンバーではなく、lucky seventh のことである。したがって、発音もラッキーセブンスとするのが正しい。しかし、英和辞典でも lucky seven としているものがある。かつてよく聞いた言葉に drive-in という、ドライブしたまま食事や映画を楽しめるところであるが、日本のそれとはかけ離れている。むしろ drive through と混同しているかもしれない。ところが同じ「イン」でもホリデイインは宿泊施設であり、決して holy day だけのものではないが、当然 inn である。これは発音の問題であるとともに、綴りの問題でもある。

　日本でのマクドナルドをマックとかマクドと関東と関西での境目を調査していたが、イギリスでは Let's go to Mucky! と言われている。これにはマッキーという歯切れの良いスピード感のある音の良さばかりでなく、muck（ゴミ）からの mucky との音からの連想もあり、明らかに fast food や junk food への軽蔑が含まれているようである。もちろん日本では歌手のあのマッキーのことになる。かつて巨人にはマッキーもいたし、阪神にはバッキーもいたが、記憶にはあまりないだろう。

　またゴルフの場合のティーショットはお茶の tea ではなく tee shot と綴られる。tea bag と言うが、時々 T-Back と間違われるのではないかと言う度にドキドキした人もいるかもしれない。考えすぎである。バッグといえば、ロージンバッグと言っていたが、老人が持つ袋のことではなく、rosin bag のことであり、野球のボー

ルの滑り止めに使用する松脂（pine resin）のことである。日本人は「o」を伸ばす傾向があるので、ロージンとしているが、正しい発音はロジンである。すでに頭の中に input している情報はなかなか修正できないものである。さりとて intake しなければ修正もできない。Iraq はイラクではなくイラキであり、Hamburgは「ハンバーグ」と言ってしまうが、ドイツの都市名ハンブルグのことであり、鶏のことでもある。決してあのハンバーグのことではない、Hamburg と hamburg の違いは、日本式発音でハンブルグとハンバーグとすれば、間違う人はいない。ちなみに英語では両者とも「ハンバーグ」である。日本で言うハンバーグは hamburger stake で「ハンブルグ流ステーキ」のことであり、それにパンが付いていれば、例のhamburgerである。似て否なる humbug は「ハンバッグ」であり、何と「詐欺師」のことである。びっくりしながら、音で遊べば子供に戻れるかもしれない。

　詐欺師といえば、「嘘つきチーター」というテレビ番組があった。チーターには同音異義語で cheater と cheetah があり、前者は詐欺師で後者がヒョウの一種のチーターである。番組で使用している動物は、どことなくオオカミに似ていて、チーターではないようであるが、どうしてもチーターをイメージしてしまう。可哀想なのは濡れ衣を着せられたチーターである。

　また清音と濁音とでは悩むことも多い。例えば、フラフラの状態をグロッキーと日常使っているが、英語ではグロッギー（groggy）であり、和製であることを注意しなければならない。また人

名としてPeaslakeと出てくると、ピースレイクとしてしまうが、peaならpeasはピーズかピーヅかと悩み、いずれにしても濁音が根源的な音ではないかと考えてしまう。オーストラリアのシドニーの上にあるBrisbaneはブリスベンと呼ばれているが、現地では「ブリズベン」と言われている。そういえば、カリフォルニアのFresnoも、フレスノではなく、「フレズノ」が普通である。また、NHKのニュースではカトマンズのことを「カトマンドゥ」と発音していた。でもtundraは米国式のツンドラであり、「タンドラ」では理解できない人もいる。シベリアで通っているが、Siberiaは「サイベリア」である。あのコマーシャル、「パッとさいでりあ」を思い起こすかもしれない。さらにKenyaと書いてあれば、最近とんとご無沙汰の「大澄」を思い出す人はほとんどいないかもしれないが、「ケニア」あるいは「ケニヤ」と呼称しているが、正しい発音は、「ケンヤ」あるいは「キーニャ」であるから何とも面白い。またHoneyは正しくハニーと言うのに、honeymoonの場合には、ほとんど誰もハニームーンとは言わず、ハネムーンとしているところが面白い。

　NHKの番組で「アーカイブズ」があるが、ファイルをまとめて保存しているところのArchiveのことである。この単語からachieveを思う人は多いだろうが、発音は「アチーブ」である。日本語から英語に入っている語はすでに日本式発音ではなくなり、日本人には分かりづらいものである。karateもkaraokeも聞いてすぐ分かる人は日本人ではないかもしれない。またギンコーに聞こ

えてしまう ginkgo の意味は分かるだろうか？　時々間違って、gingko としている場合もあるが、日本人にはこちらの綴りの方がギンコーと考えやすい。ところで日本語のギンキョウも分かる人は少ないかもしれないが、銀杏（イチョウ・ギンナン）のことである。インドでは現地語で呼ばれるように変更しているが、マドラスも「チェンナイ」となっていて、タイのチェンマイと間違いそうである。日本は Jih-pun から来ているのだが、sunrise や orient に由来している。

　『イソップ物語』は誰しも知っているが、綴りは Aesop であり、発音は「イーソップ」である。カブールも有名になったが、実は「カブル」がよい。アルペンと言うのをよく聞くが、綴りは Alpine で「アルパイン」とか「アルピン」の方が近い。同じようにカリフォルニア大のバークレー校と言っているが、Berkeley は「バークリー」が正しい。また Bunny Girl をバニーガールと言っているが、正しくは**バ**ニーガールとバを強く発音するのである。お尻の後ろにボンボンを付けている女の子を思い出すであろうが、バニーは幼児語で「ウサちゃん」というニャンニャン言葉である。

　話題のピョンヤンも Pyongyang の綴りを見て、ping-pong や Hongkong や King Kong を思い出すのも一興である。キングコングは題名ではあっても、英語には存在しないものであるが、その発音はキンコンとなるであろうから、チャイムと間違えるかもしれない。さらに Angkor Wat もアンコールワットであり、いずれも「g」はサイレントである。あのシャーロック・ホームズも Sherlock

Holmes とあれば、l を音にして、ホルムズって誰?と瞬間思うかもしれない。その点英国以外のルーツでは、Roentgen レントゲンや Rodin ロダンときりがない。

　モラルハザードの場合には**ハ**ザードであるのに、ハ**ザ**ードとすることが多い。ゴルフの**ハ**ザードでは正しく強勢が置かれているのに、ハ**ザ**ードランプやハ**ザ**ードマップの場合には間違っている。日本語化をする習性や癖がパタン化しているように思われる。かつて**マ**ニフェスト選挙と呼ばれていたが、ほとんどがマニ**フェ**ストになっていて、外国語のアクセントの付け方がいつもの日本人らしいマニ**フェ**ストにはなっていない。しかし、manifesto はマニ**フェ**ストが正しい。Little Matui も迎えの車はリムジンであったが、limousine はリムズィーンである。ギリシャ人やローマ人が履いていた革製の sandal をサンダルとしているが、正しくはサンダルである。さらにオイル資本とかアメリカ大リーグ一軍を major として、巻き尺と同じようにメジャーと言い慣わしているが、正しくは「メェイジャ」のことであり、メジャーは measure で度量衡のことである。よく似ているものに O.ヘンリーの「賢者の贈り物」と訳している 'The Gift of Magi' では、マギーではなく「メェイジャィ」である。これは古代のペルシャ僧 magnus の複数形である。また野球場の看板には「ヤンキーズスタジアム」とか「ドジャーズスタジアム」となっているはずと思いきや、Yankeestadium とか Dogerstadium となっていて、「's」は入っていない。ちなみに Yankee は日本ではヤンキーで通っているが、**ヤン**

キーである。また松井がどうしても着たかったという pin stripe のユニフォームは「細い縦縞模様」のことであり、囚人服のような横縞なら border でもよい。アメリカの星条旗は The Stars and Stripes であるから、50個の星と Old Glory と呼ばれる13本のストライプからなっているが、縦縞ではなく、横縞であるので、 stripe は筋や縞の総称なのである。同じ縞柄でも、西洋の黄色の囚人服のパジャマルックにある差別イメージと、アメリカの自由と解放のシンボルイメージが重ねられているのである。

　multi hits（マルチヒット）とは1試合で2安打以上打つことであるが、日本だと3安打のことと勘違いしてしまう。それに double ダブルが2塁打で triple トリプルが3塁打とくるので、ダブルヘッダーとかトリプルクラウンの場合には固まりとしての2や3なのか、別々のものを2つとか3つなのかと悩むことになる。それにしてもアメリカ大リーグだけで World Series とは言い過ぎであり、やはり世界とはアメリカだけのことなのであろうか、と考えた人もいるに違いない。これは world の意味を誤解しているところから生じている。 world とは earth や globe の意味でもあるし、特定の地域や時代の世界も意味している。このような誤解を恐れてか、それともオリンピック種目から消滅するすることを恐れたのか、世界で野球の盛んな國は10か国余りでしかないことを認識してか、それとも商売と見込んでか、2006年には WBC（World Baseball Classic）、いわば「世界野球決定版」と称して開催となった。面白いことには、当然優勝すると思い込んでいたアメリカが

優勝できなかったことであり、奇跡的に針の目を縫って偶然か奇跡か All Japan チームが優勝したのである。またどんなスポーツも裾野や環境がないと育たないので、今あるチームは地域の人々と強く結びついている。それは呼称にも表れていて、New York Yankees は Big Apple と呼ばれている。しかし、呼称は味方からだけのものではなく、敵方からの呼称もあり、元来、貶し言葉のニュアンスが入っているものもある。ところで本来ニュアンスの悪いアップルを bad apples と使っているが、腐ったリンゴとは「悪人」のことである。

　人の名前は難しい。Sancho Panza を日本では誰もがサンチョ・パンサと言っているが、綴りを見れば当然のごとく、パンザが普通である。また Ronald をロナウドとしているが、ブラジルでは「ホナウド」である。いよいよ彼も代表の座から降りるらしい。スペイン語の男性名でホセはよく出てくるが、綴りは Jose であり、発音は［housei］である。あの**オ**サマビン・ラディンも**ウ**サマビン・ラディンと言われていた時期もあり、現地語読みか、英語読みかでいくつかの読み方が出来るが、メディアでは統一した呼び方にまとめているようである。その点では、かつて教科書ではマホメットであったが、今ではムハンマドと呼ばれている。それにしても神や聖者を戯画化したり茶化したりするのは、いくら異教であったとしても許されないことである。決して排他的であってはならないのであり、異文化や異教を敬意をもって接することができなければ人として生きていけない。

ボーリングのボールは bowling ball であり、bowl とは転がることであり、決して boring の穿孔や退屈ではない。そういえばハリー・ポッターでは rememball として、remember + ball から「思い出し玉」と訳していた。ball と言っても ballroom dancing は「社交ダンス」のことである。

soften はソフト化することではあるが、「ソフン」とサイレントである。often の場合と似ているが、オーストラリアなどでは「ソフトン」と発音している。本来、発音していたもので、その名残りとして残っているのである。化粧品名はどういう訳か英語使用が当たり前のようになっている。しかし、発音については日本語式を採用しているようである。例えば、化粧品そのものも、コスメティックとしていて、cosmetic（カズメティック）とは使っていないし、ファウンデーション・ゲルでも、gel を正しい発音の「ジェル」ではなく世間に流布している「ゲル」で通している。中国が有人宇宙船を打ち上げて国力の高揚で騒いでいたが、その一方では相変わらず某国のミサイル発射と騒いでいる missile は「ミサァイル」とか「ミサル」である。その点、やはり野口聡一さんのスペースシャトルのディスカバリーではなんと高尚な mission であることか。いつもメッセージと使っていると、message の発音が「メッシィヂ」と聞いてもなんだか分からない。当然 messenger は「メッシィンヂャ」となると、あの Kissinger（キッシンジャー）大統領補佐官を思い出してしまうかもしれない。

ラズベリーと聞けば、木イチゴと知る人はまだ少ないと思われ

るが、raspberry で「p」はサイレントである。その点では cupboard という食器棚からカップとしてしまうが、正しくは「p」がサイレントで「カッボード」である。

　ブルースの女王などと言っていたが、Blues は正しくはブルーズであるが、「ブルーズの女王淡谷のりこ」とは誰も言わない。その関係からか、Bluez と綴ることもある。ついでながら、ブルーには Blue book 青書もあり、white book や white paper の白書に類似した国会や政府の報告書のことである。また郵政民営化法案で国会の投票行動が人生を決定することになったと言われているが、ここで青票とは反対票のことであり、賛成は白票である。文字通り、木製の票の色からきている言い方である。この場合のストレス（強勢）はいずれも、前者の blue や white の方にある。book や paper に置けば、青い本や白い紙であり、温室が gréenhouse で、緑の家が greenhóuse であり、ホワイトハウスが Whíte House で、白い家が white hóuse となるのである。正式には、複合名詞では前に強勢を置くことになっているが、形容の場合にはルートの名詞部に強勢が置かれることになる。しかし、 Japanese teachers and English teachers の場合には、「日本人の先生と英国人の先生」、「日本語の先生と英語の先生」とが強勢の置き方で変化してくるのであり、さらには同じ語彙が繰り返される場合には、前者は初出であるのに対して、後者は既出となるので、前者に強勢が入っているが、後者には強勢は置かないのが普通である。

　またペイントハウスというコマーシャルがあったが、これは明

らかに、ペントハウス（pent house）の「高級な、屋上住宅・家屋」が背景にある。しかし、英語では painted house であり、paint a house である。paint house ではなく pent-house のことである。

stripe と strip も誤解しやすい。ストリップは細長い形状の土地とか、あの strip-tease のストリップショーであり、ストライプはシマウマやタイガースの縞模様である。株の買い占めで乗っ取り騒動のタイガースならぬ阪神タイガースの珍事と言われた快進撃も、今や当たり前のことになってきたのだが、かつての No Surrender.「降伏反対」を強めた、"Never Never Never Surrender"「決して降伏しない」というキャッチフレーズには星野監督（GM）の心根が響いていたものだ。これは『007』の "Never Say Never Again"「二度とやらないなんて言わないで」のリズムにはかなわない。さしずめオリックスのキャッチフレーズは Building our Dream! であり、ジャイアンツは Challenge without Limit! である。

アボカドなのかアボガドなのか。綴りは avocado であるから「カ」である。原名は Persea americana であるところから、南アメリカの熱帯原産なのであろう。発音でも同様に、綴りを見るまで違いや同じことに気づかないことがある。特に英語以外の外国語の英語読みと現地語読みでは誤解も多い。ギリシャ彫刻で頭部がなくて、背中に白い羽根のはえたものに、「サモトラケのニケ」があるが、アスリートたちのロゴマークに NIKE とあったことから、ナイキとニケが繋がったのである。

日本語では、ロイヤルゼリーとかロイヤリティとかバイヤスな

どと発音して通じているが、英語ではloyalとかbiasであり、ロイ**ア**ルとかバイ**ア**スである。慣用から使われているために、和英の項目でも日本式の方に入っている。またバイアスは最近よく使われているが、アクセントはバイ**ア**スではなくバ**イ**アスである。

第6章　語源サークル

　今では soccer という呼称がほとんどであるが、ヨーロッパの場合には football と表記している場合もある。おそらくこれは語源が異なっているためであろう。ところが football だけではなく、正式には Association football と Rugby football がある。前者はアー式、後者をラー式蹴球としている。実はサッカーは Association の真ん中にある soc という綴りに、名詞を短縮する働きの er を付けて socer としていたが、その後に soccer（サッカーばかりでなく、ソッカーという場合もある）と綴るようになったものである。ちなみに、Volleyball バレーボールの場合には、ball を volley（地面につく前に打つ）ことからきているのである。

　このように語源まで辿れば、長い歴史の中でまったく変化してしまって、勘違いをしている場合も多々ある。例えば、hell と paradise が語源的には「囲まれた場所」からきているとか、ecology と economy が同語源のギリシャ語のオイコスからきていて、生態や環境である「生物そのものやそのすみか」と経済である「生物を管理する」とに分かれているなどと聞けば、目から鱗かもしれない。もちろん語源には眉唾物も多々ある。例えば、吉野家の牛

丼や仙台の牛タンなどBSEで怪しくなって久しいが、焼き肉での肉の名称も何だか怪しいのだが、関西の焼鳥屋では「ホルモン」焼きがある。通称「ホルモン」であるが、いわゆるホルモンとは関係なく、もともとは「ほる」もの、つまり「捨てるもの」を食べるようにしたところから呼ばれるようになったという説である。このように語源には怪しいものや、眉唾ものも多いのでご用心。ところで「頑張る」は「眼を張る」から来ていると思っていたら、「我を張る」から来ているという説もある。このように音遊びや音関連から来ているものもあれば、外国起源で外国語にルーツがあるものも多い。例えば、ロボットのルーツはチェコ語の「ロボタ」から来ているそうである。映画 *AI* では、ロボット市場のことをFlesh Fair と書いていたが、さしずめ「肉体市」であろうか。またクレヨンとよく言うが、ルーツはフランス語で、意味は「鉛筆」である。「足を洗う」という表現を英語では、wash one's hands of と言うから不思議である。ハンドルネームもよく聞く言葉であるが、インターネット上の架空の名前のことである。hand が出たついでに、一房のバナナは a hand of bananas であり、一本は a finger of banana と表現する。一房ならシュロと同じように palm としてもよいのだが、palm は手のひらや掌（たなごころ）であり、まさに猫や犬の肉球を意味してしまうからである。犬猫の足なら paw であり、人間は hand の先に finger が付いていて、foot の先に toe が付いているのである。

　もともと drive が「羊を駆る」ことからきているように、sports

とは狩りのことであり、sportsman も「狩り好きな人」のことであった。そのような文化背景の中では、Today's Games と書いていれば、誰しも本日の遊びかなと思いを馳せるが、これがレストランのメニューであるという。まさに狩りの獲物であり、その料理の種類なのである。gamekeeper もサッカーやゲームの主催者を思い浮かべるかもしれないが、「猟場の管理人」のことである。つまり games とは狩猟や釣りの対象となる動物や鳥・魚の総称であり、ただしあくまでも食べられるものに限られるようである。ことのついでに soda（ソーダ）も s oda water と使われているが、炭酸系飲料の総称であることも知っておきたい。そしてベーキング・パウダーと言っているが正式には baking soda であるが、単なる粉ではなく、原材料から呼称するのが正式である。またレストランついでに、食べ放題のことをバイキング方式と呼んでいるが、英語の Viking とは北欧の海賊のことである。英語ではこの前菜風のオードブル方式を、smorgasbord（スモーガスボード）としている。氷河期を Ice Age と表現するのはとても軽いような気がするが、本来なら iced age の方が自然であるはずだ。あのミイラ化した Iceman（氷づけされた人間）の残したものは歴史を物語るだけでなく、アイスマンの personal history をも物語っているようである。なんとアイスマンの身体から花粉が検出されたそうである。しかも、その近辺にはない草花のものであったという。そこで想像は膨らむが、死者への弔いの気持ちとして、草花を持ち寄り手向けたのではないかと思うのである。人間以外の動物は決してこのよ

うなことはしない。そこで人間とは「弔う動物」である、と規定できるのではないか。それにしても棒にアイスクリームを固めたような「アイスキャンディ」とか「アイスマン」と呼ばれるものがあったことを思い出した。前者はまだ理解できるが、まさか後者はミイラ化した「氷人間」のことではなく、「氷売り」のことであり、つまりアイスキャンディ屋さんのことだったとは驚きである。

　Dr. Evil と聞けば、『007』を思い出す人もいると思われるが、このところ、お隣の国の将軍様をアメリカではこのように呼称しているようだ。Dr. K が三振奪取王のことであるから、ドクターとはそれ専門のスペシャリストのことである。アメリカの横暴で話題となったが「京都議定書」を英語では The Kyoto Protocol と表現している。proto- は接頭語であり、「最初の」とか「主要な」という意味である。Taxi と聞けば誰も疑わないが、「空港から町へ行くこと」まで含んでいる点では香港英語には生活感があって面白い。最近日本では介護を必要とする方用の福祉専門にあたる介護タクシーが重宝されている。自室から病院の診察室を経て自室までの間を CARE してくれるそうである。そういえば、トロイの物語の英語版に stone が動詞として使われていたが、「石を投げつける」よりも「石を投げつけて殺す」までの意味内容があった。これらは時代背景や文化を映し出しているものであろう。

　ところで町に住んでいるから町民とか市民と呼ばれているが、フランス語系の bourg は英語の town の意味であり、それからブル

ジョワ bourgeoisie が来ている。また city から citizen が来ているのに、英語では city の代わりによく town を普段に使っている。さしづめ、町の人は townie とも呼ばれている。そしてネットワーク上の市民である netizen も加わったのである。

真新しい言葉に child mother がある。子供を産むだけで育てない母親のことだそうである。本来なら、子供じみているのだから childish mother と言うべきかもしれない。child's でないところが日本語らしい。child の語源が womb「子宮」から来ているのは納得がいくかもしれない。しかし、最近ではチルドレンが、かつては土井チルドレンと、今では小泉チルドレンと使われている。シンパか弟子か子分か、その人の影響下で出てきたり、育っている人々の事である。なんだか、独り立ちしていない、発育不全の臭いがすることも事実である。その反対に両親が特に自慢して誉めちぎっている子供のことを、a trophy child と言い始めているらしい。

スープは飲み物か食べ物かとクイズをかつてよく出して、eat soup だから食べ物だと遊んでいたものだが、日本では miso soup としているように、soup しかないと思いがちだが、ことわざでは野菜スープや肉汁としての broth も多用されている。言葉の種類の多さは、その文化が深いことを意味しているので、スープ文化の国を表しているのである。

ウサギとカメでのウサギは耳の長い hare としているが、絵画に描かれている野ウサギは純潔のシンボルだそうである。ウサギと

いえばその足 rabbit's foot、特に左の後ろ足は幸運をもたらすおまじないであると言われている。koala bear でコアラとは「水を飲まない動物」の意味であるそうだ。そういえば、カメレオンは chameleon であるから、camel（ラクダ）と lion（ライオン）の合成語から来ているのだが、ラクダの背中とライオンのたてがみからイメージしたのであろうか。ところで、ラクダの鳥とは何であろうか。答えはダチョウ（camel bird、ostrich）である。dandelion「タンポポ」の場合は、dandy なライオンではなく、ライオンの dent「歯」を葉っぱに見立てたのであろう。またオランウータンはマレー語で「森の人」の意味であるそうだ。魚でも glasscat と聞けば、glass のように「滑らかでつやつやしたナマズの一種」と想像してしまう。普通のナマズの catfish はその髭からであろう。またニュージィランドの洞窟には glowworm という「ツチボタル」がいるそうだが、鳥の餌にもワームとして売っているので、「ウジ虫のようなひかる虫」と想像はつく。

　公開されていない private に対して、public とは「公開されている」という意味である。あのバンジージャンプのバンジーは「ゴム」のことであるが、ゴムを使っているとは聞いていない。もともとはゴムを使用していたのかもしれない。minute が「分」で、second が「秒」とは誰しも知っているが、なぜ秒が second つまり 2 番目になるのか。そのルーツはもともと second minute としていたことに由来していて、「2 番目の分」または「分に次ぐ時間」のことである。そこから minute が落ちて second に短縮された

のである。

　人間の本能的な反応に、負けそうな人を応援してしまう習性があるらしい。日本語で言う「判官贔屓」である。これを英語ではunderdog 現象と言うが、「負け犬」のことである。それに対して、勝ち組を top dog と言う。いずれにしても犬なのである。ところで映画『セイント』で、To human fly としていたが、「人間に似たハエ」ではなく「ハエ（に似た）男」である。ついでに dog days とは何だろうか。日本では「土用」のことであり、当然ウナギと思いこんでいるが、暑い毎日に舌を出してハァーハァーと喘ぐ犬から来ているようである。犬はもともと古英語のゲルマン語の hund から来ていて、hound dog や dachshund で理解できる。また God の逆綴り語とも言える dog、そして野良犬の cur という語もあり、「価値のない」という意味である。

　古代ギリシャ語でハーモニーとは、「石をぴったりと合わせる」ことだそうである。パルテノン神殿のエンタシスの大理石の柱の接合部などのことである。また Oedipus はオイデプスとしているが、発音は「イーディパス」で、その意味は「腫れた足」である。オオカミ男は英語で werewolf であるが、オオカミになった人間のことである。そこで昔オオカミだったなら were が付加されているのではないか、などと思い込んではいけない。wer が男という意味の古英語であり、「男オオカミ」と英語ではなっているのである。

　自然のベクトルに逆らっていると思えることに、民衆の支持を

得ずして、選択肢を増やすのではなく、減らそうとしている暴挙がある。地上波のテレビ放送が地上デジタル放送になり、地上波は見られなくなると言う。見たい場合にはチューナー（tuner 正しくはテューナー）が必要であるそうだ。総務省と業界がらみでそうなったことは明らかであり、まさに横暴である。どちらでも見られるようにするのが、自由で民主的に生きることなのに、選択肢を狭めるのは何事か。何かはき違えている。明らかに住みにくくしているのであり、金儲けのためにのみ世の中を動かしている愚者がいるのである。アメリカに行って驚くのは、何処までも選択肢が与えられていて、そのチョイスが金額に加算されていて、各自が自由に選択している。選択肢を行使するためには金がかかるという当たり前の所に行き着く。ただし選択肢が自由度であり、決して狭める方向ではない。日本では選択肢の幅は不公平に繋がり、みんな同じであることを喜ぶ。それゆえに選択肢のない方がより良いことになる。しかし、今回の場合には、選べない人もいるのだから、今見られるのに、このままでは見られなくなることの方が不公平である。金を払えば見られるようになるのであるから、一見同じように見えるが、明らかに逆行しているのである。金を払ってから見ろと命令するのであれば、みんなが同じであることも不平等、悪平等であるとも言えるのだ。説明責任とかで、何年も前からこのような愚かしいことが行われようとしていることを知りながら、不平の声をあまり聞かないから不思議である。我が身に降りかからない間は他人事なのである。NHKの未払い問

題も、善意に頼り、法的根拠もないのにみんなから無理矢理取る方向を模索するからおかしいことになる。見せたくなければ、BSでやっているように波長を変えるスクランブル（scramble）を掛ければよい。民放は徴収していないのに、片方では無理矢理徴収する、これこそ不公平である。だから立ち上がったのだ。内部に犯罪者が出たから未払いが増えたとするのは、経営者の怠慢を転化しているにすぎないのだ。こんな当たり前のことに気づいていないのも経営者の怠慢以外の何物でもない。でも地上波の問題はNHKの問題とは比べものにならないほどの失政である。政府が一緒になって音頭を取るとは、日本も地に落ちたものだ。しかし、いよいよ支払いも義務化に向けて検討に入ったようである。

　文句を言い始めたら止まらなくなるものである。高速道路ではゲートの絶対数を増やさずに、今までのゲートの一つをATMに当てているのは何とも不便である。こうして不便にしておきながら、利用率が改善されないとしたり、偽造防止を理由にハイウエイカードの販売を中止したりするのも、選択肢を少なくして自由度を奪うことであり、時代に逆行する、とてもおかしな話である。これこそ「日本式官製民主（平等）主義」である。ところでこのATMとはAutomatic Teller Machineの略で、「自動読みとり装置」として知られているが、tellが古英語では「計算する」という意味であったことから、tellerは計算者のことであり、あえて正せば「自動計算機」と言うべきかもしれない。車といえば、最近の中心部の渋滞解消の通勤方法として、park and rideがある。自分の車を

駅の駐車場に置いてから、公のバスや電車に乗って通勤することである。また空母からの発艦訓練も touch and go としている。さらに hit and run も野球ばかりのこと思い込んでいると、hit（あてて）して run（逃げる）ことから「ひき逃げ」することでもある。最近の道路交通法では、飲酒運転より、ひき逃げの方が刑が軽いので、まず逃げて酔いを覚ましてから出頭するという抜け道があるという。こんな日本人に成り下がっていることが情けない。また吉本の芸人のネタには「キック＆キック」があった。

　人名や物の名前は出自や形成のルーツなどを物語っているものであるが、断定は難しいところでもある。イラク戦争で一躍悪者になったネオコン（neo-conservative）のラムズフェルド前国防長官はラム達のいる feld、すなわち「羊の野原」あたりの意味であろうか。P. Milward 先生でも有名であるが、mill（粉屋）の ward（番人）のことである。また熱帯の樹木で mangrove「マングローブ」はよく耳にするが、man-とは「手」の意味であり、grove は「小さな森」のことであるので、手のように木が伸びている様を表しているのかどうか、実は特定の木ではなく、海水と真水の混ざり合うところに生えている木々を総称しているものであり、そこで「熱帯海浜産かん木」と訳している。さしずめ熱帯のブッシュ的なところである。ピーターやペーターはよく聞くが、ペテロは「岩」という意味のあだ名である。stone には小石の意味と、種子、特に核の意味がおもしろい。最近宝石も見分けの難しい高精度の人造宝石が出回っているようであるから、ごまかされないように

したいものだ。それらはcopyとかfakeと表現されているが、その元をoriginalとかmotherと言われているが、いずれもニュアンスは異なっている。

電車では広島にアストラム・ラインができて久しいが、他県でもハートラムなどができている。ここで電車の意味で使用しているtram（トラム）は、電車ばかりでなく、トロッコまで意味しているので、トラックとも関係しているものである。また飛行機の操縦室はcockpitコックピットと呼ばれているが、cock雄鳥のpit闘場のことでもある。さしずめ操縦士はシャモであるが、pitに地獄や墓の意味もあることを知れば、脳天気に過ごせる場所ではないことは誰しも想像がつくことである。また談話室や休憩室といえばloungeやsalonを思い浮かべるが、どちらかといえば待合室や居間の感がある。語源的にはparlorの方がspeakの意味合いが強い。しかしsalonやparlorは広間の感があるが、parlorはbeauty parlor、dental parlor、ice-cream parlorなどとshopの代わりに使用されている。

最近、作業部会という意味でタスクフォースもよく聞かれるが、もともとは機動部隊や特殊任務部隊の意味のtask forceという軍事関連語である。またmorbidといえば、誰しも病的で陰気なイメージをもっているであろうが、世紀末には流行語であり、驚くなかれ「誉め言葉」であったのである。このように言葉のイメージは上昇したり下降したりして流動的であるとともに、常に使い古されて陳腐に成り下がってしまう傾向があるので、強化する形容は

いつも求められているようである。「超」とか「超超」とか、「激」とか「爆」のたぐいであり、特に小ギャルの専売特許のようである。語源的には、super は hyper、million は mega、giant は giga と繋がっている。

表記では、パーセントは100分の１であるから、そこから記号％ができていることは想像できる。また＄は United States の U と S から来ているとする説と、Silver から来ているという説とがある。また綴りでは picnic や panic などは元々-kがあって、picnick とか panick となっていた。その名残として、過去形は panicked と綴られている。また mirror もかつては *The Mariners Mirrovr*『海員の鏡』(1957) のように v が入っていた。さらに soldier もかつては *The Souldiers Pocket Bible*（1643）のように u が入っていたのである。またラケットなどは racket だけでなく、racquet も今でも使用している。横田めぐみさんが拉致されて北朝鮮まで持参していた物の中に、ヨネックス製のラケットがあったと聞いている。「ヨネックス・レディース・オープン」なるゴルフコンペがあるが、英語表記では、Ladies Open, Ladies' Open, Lady's Open のいずれであろうか。正しくは Ladies' である。英語では表記や綴り方には各種あり、10歳でも 10 years old か 10-year-old であるが、ネットでは 10-yr.-old も使っている。

キリストが固有名詞ではなく、地域に一人ずついた祭司をこのように呼称していた
とする普通名詞説があるところは、釈迦が釈迦族からの普通名詞

であるとするところと同様である。ところで cross 十字にはどのような意味があるかといえば、縦軸は自分であり、横軸はその自分を無くするという意味で、自己否定を象徴しているのだそうである。日本でも地名と同じ名字の場合も多々あることは当然であるが、歴史家によれば「正倉院」も固有名詞ではなく、普通名詞、つまり各寺に備わっていたという説もあるというのである。

　最近、メディアの取り上げ方がシフトしているために、Japanized English 和製英語ではなく、本物の英語を使用している度合いが高まっている。しかし、分かる人と分からない人ではなく、曖昧なままで分かったつもりで使用している人もいるし、さらなる意味やニュアンスが付加されて、せっかくの正しい語彙が和製英語化している場合もあるようにも思われる。英語本来のvariety とは異なるバラエティ番組で、英語ではなくカタカナ語として取り上げて、実際に使用させて正否を競わせている。企業内用語であり、例えば、ポテンシャル（potential）、セグメント（segment）、コミット（commit）、オーソライズ（authorize）、コラボレイト（collaborate）、フィールド（field）、リフォーム（reform）、リスペクト（respect）、コンプライアンス（compliance）などである。すべて理解できますか？　できない人は遅れているのかも。

第7章　差違サークル

(1) 差違を考える

すでに述べたように、人間を管理する economy と人間の生態に関する ecology とのバランスを無視してまでも、エコノミーの観点から進展することに偏りすぎてきたことから環境は破壊され続けてきた。その反動から、地球をエコロジーの観点から見直すことは、animism「自然崇拝」の考え方に戻るものであり、Mother Earth「母なる大地」はルイ・アームストロングの歌でも知られるところである。この母はあまりに有名であるが、当然、父もいる。父は「空」と続き、Father Sky としている。まさに Native American を彷彿とさせる世界観が窺える。

the Fourth of July は Independence Day（独立記念日）であるが、Independent Day とはどのように相違しているのか。名詞と名詞の結びつきと形容詞と名詞の結びつきである。後者は Day が中心であり、形容詞はそれを形容しているのである。「独立している日」ともとれる。一方前者は同等であり、The Day of Independence なのである。日本語では「男女共同参画」であるが、英語では

Gender Equality である。性平等であり、同等の性である。日本語の表現の、男女とはすでに男性に偏りがあることは、女男と言ったときに感じられるニュアンスで窺える。したがって、両性を同等に表現する gender が適当なのである。このように使用していながら、自然に差別や区別を産み出していることを意識していなければならない。

『美女と野獣』の原題は *Beauty and The Beast* である。the Beast といえば「キリストの敵」の獣のことであるが、the beast は「獣のような人」のことであり、「獣性」のことである。したがって、Beast in the jungle は本物の獣のことであり、The beast in the jungle の方は狼少年のような、獣の性を持った人間のことなのである。ここでなぜ Beauty には the が付いていないのかといえば、人間以外には付けて、人間の場合には付けないのである。また beauty も "Age before beauty"「お先にどうぞ」であるが、直訳すれば「女性よりも高齢者に」である。

言葉は説明の方向から真逆になる場合もあり、誤解しやすい場合もある。common prostitutes とあったので、「常用」で、みんなが「共有している」存在と考えて妙に納得していたが、実は「常習」のことである。したがって、お客からの命名ではなく、いわば「いつもやっている」という商売する側からの意味合いである。また、誤解しやすい言葉として a regular beauty や a regular rascal がある。「完全な美人」とか「ふだつきの悪漢」と訳すように、本来は反語であり、「まったく～ではない」ということを表しているのだ

が、このregularは「正式の」から「紛れもない」へと俗語化しているのである。今なら、a regular singerといえば、毎週決まって登場する歌手のような意味合いを感じさせるが、K. Mansfieldの'The Canary'では、a regular professional singerとしているように、正式のプロの歌手の意味合いなのである。

　もちろん分かりやすいものもある。遺失物係を英語ではLost & Found Officeとしているが、単刀直入である。反意語にもびっくりすることがある。fantasyとrealityならいいが、logicにmagicが果たして結び付くだろうか。論理を超えたところに、魔法があるからであろう。最近頓に、マジックブームである。しかし、Mr.マリックに依れば、種をあかして、その仲間内から総すかんを食らったこともあるという。それはmagicianが本物の「魔法使い」へと進化しようとしている証らしい。マリックは魔術師マーリン（Merlin）を目指しているのかもしれない。それにしてもハリーポッター現象もあることから、どうやら、あの「世紀末」でもそうであったように、世紀末から、未来が見えず、論理のむなしさの象徴であろうか。確かなものが無くなっていることや、揺らぎつつある価値観の反映であろうか。それとも一時の驚きや不思議を求める刹那主義の兆候なのであろうか。

(2) 微妙な差違の見極め

　英語は外国語の流入や借用語などと融合することによって、多重性を帯びるとともに、違いを明確にするために、論理性を獲得してきたのであり、その結果として、語彙ばかりでなく、表現や文体においても微妙な差違を明確に使い分けられる深くて幅広い言語表現手段へと成長しているのである。そのような例を見極めることによって、日本語にはない英語の感覚を養うことになるとともに、日本語の特徴や日本語との差違を明らかにすることになるのである。語彙や表現の差違が微妙なニュアンスの差違を表すことに寄与していることが明らかになるのである。

1
> ①　*We are Secom.
> ②　　We use Secom safety system.

　日本語では「私達はセコムです」と言うコマーシャルメッセージがある。しかし、それを英訳すれば②の表現となるので、①は誤表現である。飲食店での注文で「俺、ウナギ」的な感覚であり、英語では I want to have a bowl of eel. である。当然、意味的には、「私達はセコムを利用している」であり、表現的には、二人称weの内包感が愛情や親しみを窺わせている。

2

> ①　The Delight Factory
> ②　The Delightful Factory

　①はある会社のコマーシャルメッセージであり、コンパクトにイメージ戦略をこの表現に込めようとしているようである。どうやら「楽しみを与える工場」の意味であろうか。誰に楽しみを与えるのであろうか。当然、一義的には消費者であり、工場で働く人々ではあるまい。②の delightful とか delighted となれば工場イメージを想定しているのだが、①の表現は曖昧で自画自賛的な発想が感じられる。特にタバコが直接間接に健康を害するとなれば、皮肉な CM である。

3

> ①　May I help you?
> ②　How may I help you?

　ある外国ドラマの会話である。①は店員さんがお店でお客さんに声をかける自然な言葉である。それに対して、②はお手伝いをすることが前提で、さらにどのようにお手伝いをすればいいかを尋ねているので、一流ホテルの思いやりまで感じられる表現である。いわば、②から how を省略した形が①であり、②にはきめ細かい丁寧さが感じられる。

4

> ① Could you please give me a water?
> ② Would you please tell me the way to the Temple?

①のcouldはカジュアルな言い方であり、それに対して② wouldは丁寧な言い方である。この反対にslangのようなinformalな表現は、リラックスして、自分らしく、調子に乗っている場合であり、自我のコントロールが外れている表現である。

5

> ① I will see a doctor.
> ② I will go to the hospital.

①は診察を受けに行くことであり、②は入院することを意味している。the doctor となれば、知り合いか特定の医師に診察してもらったり、会いに行くことである。

6

> ① Keep your distance.
> ② Keep your dream.

両者ともに映画の台詞であるが、①は「車間距離をとれ」としているが、「今の距離を保つように」、とも考えられる。映画では、

Keep your eyes open. 「見張ってろ」もよくでてくるセリフである。
Have an eye! は「気をつけろ」である。②は「夢を忘れないでね、夢は持ち続けなさい」である。

7

① Why Bob?
② Why, Bob?

①の場合は「どうしてボブなの?」であり、②は「どうして、ボブ?」「まあ、ボブなの?」となる。コンマが入ることによって間投詞の意味となる場合もあり、その場合にボブは呼びかけとなる。コンマの有る無しで大違いである。

8

① I shoot a wolf.
② I shot a woof.
③ I shot at the deer.

撃ち殺すことを想起してしまうかもしれないが、「写真を撮る」ことも shoot である。ツーショットなんてよく聞くが、二人で写った写真のことであるが、和製である。①では「私は狩人」でもあるし、日頃オオカミ退治をやっているのである。そこで、When shot at it, The dove dove in the bush. では、at が効いている。狙って

撃ったが、当たらなかったので、藪の中に逃げ込んだのである。at がなければ、撃って仕留めたのに、逃げたことになるので、非文となる。

9

> ① Don't stand for.
> ② Please give!

①はアメリカ口語で「我慢しないで」という意味である。 He can't stand to be offline.「インターネットから離れていることに耐えられない」と使ってもいる。②は「力を抜いて、身を任せてください」という意味であり、lose firmness とか yield pressure を意味している。

10

> ① She is in pink.
> ② She wears a shirt in pink.
> ③ She puts on a shirt in pink.

①と②は着ている状態への視点であり、③は動作への視点である。いつもピンクの服を着ているとする視点もある。また *Men in Black* とは黒服の男達であり、題名から見ても強面かもしれない。

11

| ① She wears long hairs. |
| ② She wears her hair long. |

「ロングヘアにしている」という意味では②の表現であり、①の場合には、自分の髪ではなく、カツラを着用していると考えられる。

12

| ① I doubt it was a snake. |
| ② I suspect it was a snake. |

①は「蛇であった」ということに疑問を抱いているのであり、②は「蛇ではないか」と怪しんでいるのである。先日のカリフォルニアでの山火事では放火の疑いがあり、当然容疑者は suspect としていた。

13

| ① I will kiss her. |
| ② I kiss her. |

②では習慣性が表現されていて、いつもキスをしているのである。それゆえに、Do we kiss? は「いつもキスするような間柄?」と

なる。①では今度、きっとするぞ、という願望が表れている。また I'll kiss her. となれば軽い感じとなり、間柄が近いとか、緊張感は余り感じられない。だから、What do you drink?「何飲む?」と聞いていると同時に、「いつも何を飲んでるの?」とか「一杯やっか?」でもある。

14

① War with Iraq
② War on（in）Iraq

①では with にニュアンスとして「一緒に、仲良く」という感覚があるので、あまり緊張感が感じられない。したがって、戦争というイメージからも、Iraq War とか War on（in）Iraq の方がふさわしいようである。

15

① She stays at home.
② She stays at the home.

①の家は家庭のことであり、②は老人ホームなどのことである。また my home は持ち家でなくても良くて、単なる住居であるが、my house は一軒家の持ち家感が出ている。

16

> ① To each His Own!
> ② It has a value all its own.

①の意味は「それぞれにはそれぞれのもの（時）がある。」であり、②は「それにはそれ独特の価値がある」である。own は日本語的には使いにくい単語である。

17

> ① I was waiting for you.
> ② I have been waiting for you.

①は「待ち続けていた」けれども、結果的には「来なかった」のであり、②では今の時点でのことであり、「君を待ってたんだよ」と相手に伝えていることになるので、結果的に目の前に来ているのである。

18

> ① You're so selfish.
> ② You've been so selfish.

①は「君は我が儘だ」と、性格的に非難されているので、「我が儘人間」と言われている。それに対して、②は我が儘といっても、

今の時点だけのことである。

19

> ①　She may be a doctor.
> ②　She might be a doctor.

①は「医者かもしれない」と半信半疑であるのに対して、②は医者でないことは分かっているが、「医者だとしても不思議ではない」として、「ひょっとしたら医者かもしれない」という意味である。

20

> ①　He might help me.
> ②　He might have helped me.

①は「私を助けてくれてもいいのに」と、今の非難めいた気持ちを伝えようとしているのに対して、②は控えめな言い方であるが「助けてくれていても良かったのに」と、過去の話になっている。

21

> ①　A Happy New Year!
> ②　Happy New Year!

「新年おめでとう」と言うが、日本人はどうしてAを入れて、一つしか幸せがないように考えているのだろうか、と疑問を呈する外国人がいた。The では限定して「今年こそ、今年が一番」となるので、「今年も」と考えてのAだと日本人は説明するであろう。英語圏ではAを入れずに一杯幸せがありますようにと考えているのである。

22

> ①　His talk was very interesting.
> ②　His talk was quite interesting.

very を控えめに表現するために quite を使用しているのだが、①は肯定的なニュアンスがあるのに対して、②には否定的なニュアンスがあり、少し嫌味を含んでいる。

23

> ①　Some like it hot.
> ②　Some like hot.

①は Marilyn Monroe の『お熱いのがお好き』という映画の原題名である。it が意味深であり、何とも効いているので、口調の良さやテンポを感じるとともに、お色気を感じる人も多いはずである。②にはそんな深みはなく、「熱いのが好きな人もいる」の意味であり、嗜好だけの善し悪しであり余韻はない。

24

① Was It Him?
② Was It He?

①はジョンベネ事件で容疑者が逮捕されたときの新聞の見出しである。メディアの疑問は?に表れているが、やがて証拠不十分で、逮捕取り消しということになった。アメリカでもこのようなことが起こりうることを知るべきである。本来は②の方が文法的であり、主格には主格対応であるべきだが、慣用でこのような言い方が可能になったといえよう。

25

① I bought this one.
② I purchased this one.

①の場合は、簡単に手に入るものを想定するのに対して、②の場合には、苦労してやっと手に入れたことを自然に伝えている。

したがって、どこにでも売っていて値段も手頃なものを買ったのであり、②の場合には家とか高級車とかを想定させている。buy と purchase のルーツが、チュートン系の古英語とラテン系の語彙との casual と formal とに分かれているのである。

26
① She carried an umbrella.
② She held an umbrella.

①は傘を携帯していたとか、傘を差して歩いていたことを説明しているのに対して、②は傘を差していたことだけを表している。

27
① I make a book.
② I keep books.

本を作っている本屋さんのように思われるが、①は競馬で掛け金を集めることであり、集金屋である。両方とも「本屋さん」でも使えそうであるが、②は「帳簿をつけている」のであるから、事務員である。

28
> ① It is only fair that he should disagree with us.
> ② It is only natural that she should reject his offer.
> ③ It is not fair that he has got our lunch.

　これらは便利な言い方であり、It is clear that 〜「〜なのは明らかだ」などと同様なパタンである。①や②では「きわめて公平なことだが」「きわめて当然のことだが」であり、③は「そんなのずるいよ」と言っているのである。

29
> ① It's cool.
> ② It depends.

　最近では俗語としての使い方で「かっこいい」がほとんど主になっていて、「涼しいね」は日常会話の中でしか出てこないようだ。②は That depends. でも良いが、いずれも「場合による」の意味である。また Depend upon it! は「大丈夫だ!」である。ところである政治家が「無所属は independent と言うのだ」として、はぐれものではなく、自立し独立した存在であると強がりを言っていた。

30

> ①　I'm finished.
> ②　I'm full.

　①は「終わりました」ではあるが、「ごちそうさま」でもある。しかし、事実だけで感謝の心が伝わるのだろうか。②は「お腹いっぱい」ではあるが、①からいえば、これも「ごちそうさま」の意を含んでいてもおかしくないのだが。

31

> ①　April Fools' Day
> ②　April fool

　4月1日は「四月馬鹿」として知られているが、通例エイプリルフールと呼ばれている。しかし、正式には①が使用されていて、4月の馬鹿はたくさんいるので複数形であり、みんなで可愛い悪戯をしてこの日を楽しむ記念日であろう。②はこの日に騙された人のことである。

32

> ①　Trick or Treat.
> ②　Treat, or Trick.

Halloween（11月1日の万聖節の宵祭り）のことであり、子供達がTrick or Treat. とかけ声をかけながら物をもらって歩く習慣がある。「いたずらかおごるか」が直訳であり、trickはいたずらや冗談のことであり、treatはおごることやごちそうすることである。辞書によっては「お菓子をくれないといたずらするぞ」とした説明は強いて言えば意訳であろう。したがって②は意訳の場合の英語表現である。

33

① We thank thee for this food. Amen.
② We thank you for this food. Amen.

「いただきます」の意味であるが、食事の前にその恵みを神に感謝する言葉である。①は正式の古式ゆかしい文語表現であるのに対して、②は仲間内の言い方である。それは相手を表すtheeとyouに違いが表れていて、前者のtheeは神への敬意ある呼びかけを感じさせるものである。

34

① May I see your passport, please?
② May I check your passport, please?

Can I see 〜? とすると「見せてもらえますか」となり、少し砕け

た表現であるが、May は許可を求めるので丁寧になる。さらに①のseeでは「拝見」してよろしいでしょうか、と丁寧になっている。それに対して、check は検査や照合をすることになるので、正当で正式の要請を感じさせる語である。see には「見る・調べる」の意もあり、その点では見ようとして見る look や注意深く見るの watch も使い分けられる類語である。さらに behold があるが、これは詩的な用語であり、「よく見ればナズナ花咲く垣根かな」で、「よく見る」を behold としていた。また仏教用語にある「管見二眼」の管は、「細い管を通して見る」ような見方であり、見は「全体を広く見る」見方である。

35

① I met a Mr. Anderson yesterday.
② I met　Mr. Anderson yesterday.

①はアンダーソンさんとか言う人、と明示しない場合や婉曲に表現する場合に使う方法であり、a certain の certain を省略したものである。このような言い方は、one も使えるし、Mr. So-and-so とも言える。②の場合は特定し明示しているので既知の間柄である。

あとがき ―アナログと物語―

　最近、読解力不足が話題になっている。慌てて、文科省は小中学校に司書教諭を1000人配置するための予算を確保することにしたとか、カリスマ先生の秘策とおぼしき「自分で本を選ばせる」とか「漫画を文章にする」とか「父親は人生を語れ」と喧しい。ITの発達の裏側で出版業者はすでに専門的特化の棲み分けをしているのかあまり語らないが、新聞はやたら危機意識が高い。このような俄の対策とはいえ、もちろんやらないよりはましだが、こうして気づいたときにはすでに遅い。何年も掛けてこのような結果を産み出すことになったのだから、修正はさらに何年もかかるし、この現状を産み出してきたシステムを脱構築することは至難の業である。たとえ教育といえども、本来は結果責任であるはずだが、教育は時間がかかるので、結果が出るときにはすっかり忘れてしまっている。そこで、教育に実験はないと言われることにも、修正が効かないからである。

　かつて英語教育の世界でも、W.シェークスピアやC.ディケンズを教材にしていると、長ったらしく難しいものを使わずに、もっと短く易しいものを使えばいかがか、と門外漢の学長が物知り顔でものを申した時があった。おそらく学生の苦虫をかみつぶしたような顔を慮ってのご意見であったのだろう。これがその頃の風潮であった。この風潮は今も変わってはいない。いやむしろ読む

ことにますます嫌悪感を抱いているようである。綾小路きみまろまがいに「あれから30年」と言いたくなる。いずれにしても時代や価値観と繋がる伝達方法の変化に依る影響は否めないことである。つまりこのような変化も時代の流れの中にある。特に我々日本人が外圧に依らなければ変革できないことは、黒船や神風や「水戸黄門」や「大岡越前」などへの信仰に窺えるように、自らの力で革命は起こし得ない民族なのである。

　日本語の読解力は英語学習でも担っていたことが今更ながら理解できる。元凶はあんなところにあったかと今頃言っても詮無い。「だから言ったじゃないの♪」と松山恵子は唄うけれど。「こんな私に誰がした♪」と唄っても詮無いこと。時代とともに、重厚長大型から軽薄短小型へ、そして安近短へのベクトルはますます強大化して、皆の意識を変え、教科書も教え方も変えて、皆でこの方向を助長し進展させてきたのである。誰が責任をとるのか。みんなで進めば怖くない。まさに中世からルネッサンスの遠近法へと感染していった病魔と同じ、みんなが罹ればそれは病気ですらなくなる。社会現象なのである。それにしても語彙の乱れは社会の乱れとようやく思ってか、ついに国語審議会も乗り出している。そこで美化語なる範疇が提唱されていて、料理に「お」をつけてお料理とする言い方である。ゴミ箱でも護美箱とすれば美しいように、私の名前の小比賀「おびか」は美化に「お」を付けた「お美化」と同音であり、同意語かもしれないと驚いて戯けている。

　読解力不足は本や新聞、つまり文字を読まなくなったからであ

る。したがって本は売れない。本が売れない理由は読む素材が変わったからではない。テレビという映像から入ることの簡易さからの活字離れであり、活字を読まなくても情報はとれるようになったからである。つまり活字に代わり、絵や記号を見るようになったからである。そして、視力や視覚過多に偏りすぎるようになったからである。また活字を映像化する煩雑さや煩わしさをショートカットするような手段、つまり活字ではなく分かりやすく単純で明確な絵や記号を直接見せるようになったからである。漫画ブームの時にすでにこのような傾向は顕著であった。絵や記号は一目瞭然であり、活字のように少しずつ世界を完成し満たしていく音楽と同じようにかかる時間を省いてしまう。そこに楽しみを見いだしていた時代から、スピードと結果や情報のみが重視されるような時代へと変動しているからである。それゆえに読むのは週刊誌や漫画のような分かりやすいが切れ端ばかりで、せいぜいネット記事であり、短編である。長いのは退屈だし、我慢できないし、難しいと思い込んでいる。落語や漫才でも長いのは受けないし、後で込み上げてくるような面白さは受けない。ショートコントや物まねや一発芸のような瞬間芸が受けているのも、分かりやすい単純な瞬間的面白さや軽さを重要視し、人間が単純さや瞬間的感情表現を求めているからである。テレビのコマーシャルも忍耐の限界点を作り出しているのか、NHKのようにCMがないと重厚長大と感じて疲れてしまい、構成もそこらあたりを考慮しているようである。それがまた人間の時間感覚を惑わせ矯正し

順応させているのである。

　それは政治の世界でも同様であり、難しい議論ではなく、劇場型にして、one-phrase（ワンフレーズ=一言）でheavy rotation（ヘビーローテーション=何度も繰り返すこと）をかけると、単純にして明快と、分かりやすいことが受けて若者達が政治に目覚めてきたという。このような状況では新聞もネット時代では売れないし読まれなくなることを予見しているのか、「ネット時代の新聞」とか「10年後の新聞」などと入社試験の論文のテーマにしている。少子化と活字離れに苦しんでいるのかもしれない。若者は新聞のニュースをネットで閲覧する。それで十分だと言っている。ところがネットのショートカットした記事では全体は見えず、短縮や省略されてしまっている。確かにそれでも時間短縮であれば無駄なくスピーディーで便利である。しかし、そこに失うものがあった。いくら便利でもデジタル化できる情報は、デジタル化できないものをそぎ落としたものでしかない。すなわち、デジタル化できない個々の情報を関連づけているアナログには物語があるのである。そこで読解力とは豊かな想像力を駆使して、情報を物語化できることであり、デジタル情報をアナログ化できる還元力のことなのである。それゆえに、読解力の欠如とは想像力の欠如でもあり、想像力の欠如とは絵に描けない貧弱なイメージと、すぐに絵を求めてしまう忍耐力の欠如であり、すぐに安易に絵を与えられることに慣れてしまったからでもある。要するに、その責任はどこにあるかといえば、テレビと人間とのシナジー効果としか言

いようがない。人間がテレビ番組を作って見ているのだが、人間がテレビを見ているのではなく、テレビが人間を動かせて見させているのであり、過言すればいつの間にかテレビが人間を生きているのである。テレビの怖さを見せつけられているのである。かつてこの怖さを一億総白痴化と予言していた慧眼者も、今はなく、ただ逆らうことなく畏れるのみである。それが証拠に、善悪に関係なくテレビに出ている者、つまり露出度がスターを創成しているのであり、スターはテレビが作り上げていることになる。視聴者は面白さという本能に従っているのであり、テレビという世間に遅れまじと従っていることになるのである。2005年の衆議院選挙を小泉劇場と名づけたのもテレビであり、劇場にしたのもテレビであった。視聴者という観客が相乗効果を発揮したのである。選挙もテレビが方向づけて導いていることは明らかである。これをテレビ帝国主義と呼ばずして何とするか。逆らうことができ来ないからである。このことにテレビを見る人ばかりでなく、制作している者も気づいていない。民営化と同じく、視聴率競争というけれども、大衆は作り見せるから見るのであり、チベットや砂漠のように、見ることができなければ静かに穏やかに暮らしていけるのである。知らぬが仏というように、知らなければ幸せにいられる場合もあるのである。

　でも今更、視力中心の絵や記号やテレビの世界と決別して、聴力中心のラジオの世界に戻れるのだろうか。戻れないとすればこのベクトルはどこに向かうのか。行き着く先は地獄か極楽か、ど

こなのか。大人は過去へと退化していくべきだとするか、それともまだ見ぬ想定外の新人類へと進化していくのか。すでに環境では、地球が温暖化から異常気象へと進み、天変地異が起こっていて、どうやら崩壊の方向に進んでいることは、下手な予言者や宗教家でなくても感じ取れる。そこにはびこる人類も熟成のピークから退化腐蝕の方向に向かっている。それでも「あきらめない」のか、変化こそ進化だと「改革を止めるな」なのか。すでに日本の人口も減少に転じたのも、滅亡へのシナリオを確実に進んでいる証のように思えてならない。自然にそこに向かっていくのは、我々の小学校時代に欧米先進国の人口構成が鐘状型であり、その時日本の人口構成はピラミッド型であったことは誰しも知っている。こうなることはすでに40年も前に予測していたことであり、自然の摂理であって、日本もようやく欧米に追いついたと言うべきである。いわば、こうなることを目指していたのである。今更何をと言うべきであろう。それでも人間は進む。懲りないのである。いや、それが人間なのである。老人ばかりになって「老人力」が頼りだというが、老人の知恵が地球や世界を救うことになるのだろうか。どこの世界も老人がルールを作り、若者を従えてきた。それで生き残れたのだと言うかもしれない。定年間近の人が将来像を語り、創り、展望してきたのである。おかしいと思わないのがおかしい。経験則が一番ならそれでよいが、経験したことのない、想定外のことが多発してくる未来は、老人が創ることではない。それこそ老害である。こう書けば、自己否定になるが、少な

あとがき―アナログと物語― 147

くとも若者達にはこのように考え行動する気概が必要だと言っているのである。

　しかし、言語戦争に突入していることは言うまでもない。そこで言葉に強い関心を抱き、敏感に反応する社会こそは若者のものであり、そこにこそ社会は健全なエネルギーを孕んでいると信じている一人である。言語が膨れあがり、増大してきた時代は、若者の時代ともいうべき人間中心のロマンティシズムの流れの中にあり、ルネサンスでもあったことは時代が伝えているのである。だが、歴史観でものを言うのは老人の証である。アメリカでは過去のことである歴史はあまり重視されない。老人もそうであるが、役に立たないことがoldであり、年を取っていることではないのである。では役に立つとはどのようなことなのか。自分にできることをやるしかない。

　言語は現実の情報ではあるが、これまでの情報を蓄積して、歴史を変遷してきた物語でもある。かつて、日本人は言霊信仰を持っていた。言葉は魂を持つ生き物であり、呼び出せばその隠された力を発揮し行使すると考えていたからである。まさにデジタル化できないアナログ情報が詰まっている倉庫であり宝庫であり、神殿であると考えていたのである。かつては神様を想定していたが、今やそこには人間がいるのである。人間なくして言語はない状態が、やがて言語なくして人間はないというダブルバインドになっているのである。こうして伝達手段を得ることが目的となり、やがてすべてになっているのである。そして、言語の使用なくし

て言語はなく、人間もないことになり、さらに、言語研究なくして言語はなく、そして人間もないことになるのである。かつてマザーテレサ女史が愛の反対は無関心であると言ったように、愛とは関心をもつことであり、言語に関心をもって思いやることが人間愛につながっているのである。

　このような日本へと流入している英語を通して、日本語や英語を改めて観察考現し、現在の文化や現象を垣間見ていく形をとる方法は、『ボキャ・プレからの翻訳ワークショップ』（大学教育出版、1999）や『英語から日本が見える』（大学教育出版、2001）についで3度目であり、10年間にわたる観察収集と考察考現である。英語からの考現という刹那の分野は、Idea is in instant!「思いついたものは消えやすいものだ」、即ちアイディアは瞬間の中にある、とした信念からである。所詮、主観的なコレクトやチョイスにすぎないが、積み重ねてセレクトし主観から脱却して客観化を目指すところに、このような方法とそれらから垣間見える世界の意味があると考える。そして、何よりも有り難いのは、またしても大学教育出版御社は出版をお引き受けくださり、貴重なご助言をいただくとともに美しい立派な装丁の本にして付加価値を付けていただいたことである。ここに大学教育出版ならびに佐藤守氏に深甚の感謝を申し上げる次第である。

2007年1月

小比賀　香苗

■著者紹介

小比賀　香苗（おびか　かなえ）

専門：イギリス文学、特にイギリス現代小説の方法と認識の方法、
　　　および英米児童文学、英語考現学
現在　高知大学教授

■主な著書・訳書・論文

『英語から日本が見える』（2001、岡山、大学教育出版）
『ボキャ・プレからの翻訳ワークショップ』（1999、岡山、大学教育出版）
『E.M.フォスターのファンタジーの方法』（1994、広島、渓水社）
『E.M.フォスター　紫の封筒』（1992、東京、成美堂）
『児童文学のすすめ』（1996、広島、渓水社）
『英米文学点描』共著（1990、広島、渓水社）
その他、M.Arnold、W.Wordsworth、E.M.Forster、英語考現学関係の論文多数

英語から現在（いま）が見える
―英語文化学入門―

2007年3月30日　初版第1刷発行

■著　者──小比賀香苗
■発行者──佐藤　守
■発行所──株式会社　大学教育出版
　　　　　〒700-0953　岡山市西市855-4
　　　　　電話(086)244-1268代　FAX(086)246-0294
■印刷製本──サンコー印刷㈱
■装　　丁──ティーボーンデザイン事務所

ⓒ Kanae OBIKA 2007, Printed in Japan
検印省略　　落丁・乱丁本はお取り替えいたします。
無断で本書の一部または全部を複写・複製することは禁じられています。

ISBN978-4-88730-741-4